ESO 4

MATEMÁTICAS ORIENTADAS A LAS ENSEÑANZAS APLICADAS

W0364561

Inclusión
Incluimos a todo el alumnado en nuestras aulas.

Rigor
Aprendemos y trabajamos con rigor y creatividad.

Interdisciplinariedad
Relacionamos y aplicamos lo que aprendemos.

Familia
La gran colaboradora en el aprendizaje.

Pensamiento crítico
Fomentamos la diversidad de pensamiento.

Aprendizaje cooperativo
Cooperamos para afrontar tareas.

Las TIC
Usamos las nuevas tecnologías para conectarnos con nuestro mundo.

Competencias
Afrontamos desafíos en los que ponemos en práctica nuestras competencias.

Emprendimiento
Emprendemos para cambiar nuestro entorno.

Evaluación
Ofrecemos la más completa, ambiciosa e innovadora gama de herramientas para la evaluación.

ANAYA

ÍNDICE

ÁLGEBRA

Expresiones algebraicas

Ecuaciones

Sistemas de ecuaciones

5 Expresiones algebraicas

Tres grandes fases en la evolución del lenguaje algebraico

El lenguaje algebraico actual es sencillo, cómodo y operativo. En el largo camino para llegar a él, cabe considerar tres grandes etapas.

Estatua de Omar Jayyam en Bucarest. Este matemático persa estudió las ecuaciones cúbicas aportando una solución geométrica para algunas de ellas en el siglo XI.

ÁLGEBRA PRIMITIVA O RETÓRICA. En ella, todo se describe con lenguaje ordinario. Babilonios, egipcios y griegos antiguos la practicaban; y también los árabes, quienes, entrado ya el siglo IX, retornaron a ella.

ÁLGEBRA SINCOPADA. **Diofanto** (siglo III) fue el pionero, utilizando una serie de abreviaturas que aliviaban los procesos.

Durante el Renacimiento (siglos XV y XVI), el álgebra sincopada mejoró debido a la incorporación de nuevos símbolos: operaciones, coeficientes, potencias...

ÁLGEBRA SIMBÓLICA. Consiste en una simbolización completa. **Vieta,** a finales del XVI, mejoró lo que ya había, de modo que su lenguaje algebraico fue predecesor del actual. Y **Descartes,** en el siglo XVII, lo acabó de perfeccionar.

François Vieta (1540-1603). Matemático francés que publicó en 1591 la obra "In Artem Analyticam Isagoge", donde introdujo el uso habitual de letras en fórmulas matemáticas.

El álgebra geométrica

La falta de operatividad del álgebra durante muchos siglos obligó a los matemáticos a agudizar su ingenio para obtener o demostrar relaciones algebraicas. Muchos de ellos (griegos, árabes, ...) se valieron, para ello, de figuras geométricas, dando lugar al *álgebra geométrica.*

Detalle de La Escuela de Atenas, de Rafael, donde destaca la imagen de Hipatia de Alejandría. Considerada la primera científica de la historia, comentó extensamente los trabajos algebraicos de Diofanto en el siglo IV.

1 Monomios, polinomios y otras expresiones algebraicas

Observa

Algunas situaciones en las que aparecen monomios:

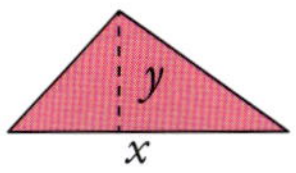

Área $\rightarrow \frac{1}{2}xy$

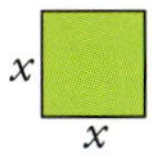

Área $\rightarrow x^2$

Perímetro $\rightarrow 4x$

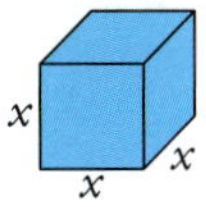

Volumen $\rightarrow x^3$

Superficie $\rightarrow 6x^2$

Ejemplos

$x \;,\; 2x \;,\; -5x \;,\; \frac{2}{3}x$

SON SEMEJANTES

$x^2 \;,\; 5x^2 \;,\; \sqrt{2}x^2 \;,\; \frac{3}{5}x^2$

SON SEMEJANTES

Monomios

Las siguientes expresiones algebraicas son monomios:

$$3x^2 \quad 2y \quad -5x^2y \quad -\frac{2}{3}x^3$$

Monomio es el producto indicado de un número por una o más letras:

— Las letras (**parte literal**) representan números de valor desconocido (variables). Por eso, conservan todas las propiedades de los números y de sus operaciones.

— **Coeficiente** es el número que multiplica a las letras.

Se llama **grado** de un monomio al número de factores que forman su parte literal. Un número puede ser considerado como un monomio de grado 0, pues $x^0 = 1$.

Ejemplos

MONOMIO		COEFICIENTE	PARTE LITERAL	GRADO
$\frac{2}{3}x^2$	$\rightarrow$	$\frac{2}{3}$	x^2	2
$-5x^2y$	$\rightarrow$	-5	x^2y	3

Dos **monomios** son **semejantes** cuando tienen idéntica la parte literal.

Observa

Algunas situaciones en las que aparecen polinomios:

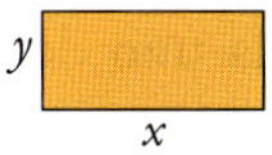

Perímetro: $2x + 2y$

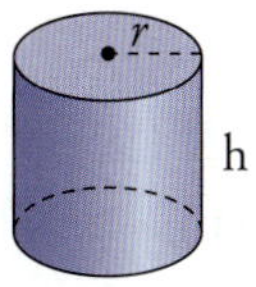

Área total:

$2\pi r^2 + 2\pi r\text{h}$

Volumen: $\pi r^2\text{h}$

Ejemplos

- El valor numérico de $x^3 - 6x + 5$, para $x = -2$, es:

  $(-2)^3 - 6 \cdot (-2) + 5 = 9$

- El valor numérico de $x^2y - 4y + x$, para $x = 1$ e $y = 3$, es:

  $1^2 \cdot 3 - 4 \cdot 3 + 1 = -8$

Polinomios

Las siguientes expresiones son polinomios:

$$3x^4 - 7x^2 - 4x + 2 \qquad x^2 + \frac{2}{3}x \qquad 5x^2y - 3y^2 + 7x - 1$$

Un **polinomio** es la suma de dos o más monomios. Cada uno de los monomios que lo forman se llama **término.** También los monomios pueden ser considerados polinomios con un solo término.

Se llama **grado** de un polinomio al mayor de los grados de los monomios que lo componen.

Ejemplos

$3x^4 - 4x^3 - 5x + 6$

Polinomio de grado 4

$3xy - 4x - 5y + 4$

Polinomio de grado 2

Si en un polinomio se sustituye cada letra (variable) por un número y se efectúan las operaciones correspondientes, se obtiene el **valor numérico** del polinomio para dichos valores de las variables.

Ten en cuenta

Un polinomio puede ser considerado como una fracción algebraica de denominador 1.

$$2x^2 - 11x + 2 = \frac{2x^2 - 11x + 2}{1}$$

Fracciones algebraicas

Las siguientes expresiones son fracciones algebraicas:

$$\frac{2}{3x} \qquad \frac{1}{x+1} \qquad \frac{5x}{x-1} \qquad \frac{x^2+1}{2x-3} \qquad \frac{3x+4}{7}$$

Se llama **fracción algebraica** al cociente indicado de dos polinomios.

Ejercicio resuelto

Escribir una expresión algebraica para cada pregunta:

Un camión circula por una autovía a una velocidad de x km/h.

a) ¿Cuánto tiempo tarda en cubrir un trayecto de 200 kilómetros?

b) ¿Cuánto tardaría si aumentara su velocidad en 10 kilómetros por hora?

a) Expresión algebraica: $\frac{200}{x}$ b) Expresión algebraica: $\frac{200}{x+10}$

Otras expresiones algebraicas

Hay más expresiones algebraicas que no son polinómicas.

Ejemplos

$$\sqrt{x^2 - 7} - 2x \qquad 2^x - x^2 \qquad \frac{1}{\sqrt{x-1}}$$

Ejercicio resuelto

Uno de los catetos de un triángulo rectángulo mide x, y el otro, $x + 5$. ¿Cuál es la longitud de la hipotenusa?

Longitud de la hipotenusa $\rightarrow \sqrt{x^2 + (x+5)^2}$

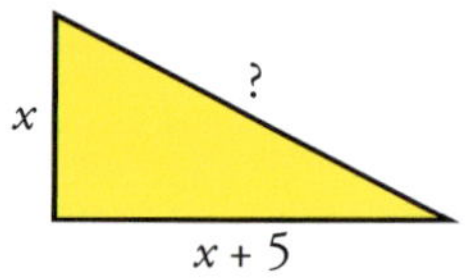

En la web

- Refuerza la simplificación de expresiones no polinómicas.
- Refuerza la traducción de enunciados al lenguaje algebraico.

Piensa y practica

1. ¿Cuáles de los siguientes monomios son semejantes a $5x^2$?

$$7x^2, \quad 5x^3, \quad 5x, \quad 5xy, \quad x^2, \quad 3x^2y$$

2. Di el grado de cada uno de estos polinomios:

a) $x^5 - 6x^2 + 3x + 1$ b) $5xy^4 + 2y^2 + 3x^3y^3 - 2xy$

c) $x^4 + 3x^3 - 5x^2 - 3$ d) $2x^2 - 3x - 10$

3. La base de un ortoedro es un cuadrado de lado x. Su altura es y. Expresa mediante un polinomio:

a) El área de la base.

b) El área de una cara lateral.

c) El perímetro de la base.

d) El volumen.

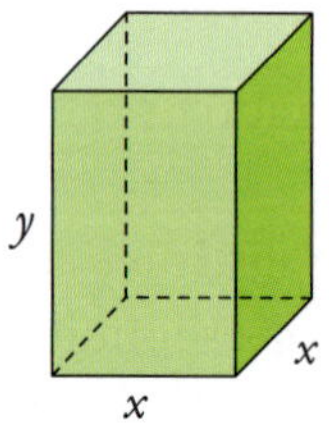

4. Expresa mediante un polinomio cada uno de estos enunciados:

a) La suma de un número más su cubo.

b) La suma de dos números naturales consecutivos.

c) El perímetro de un triángulo isósceles (llama x al lado desigual e y a los otros dos lados).

d) El área total de un cilindro de 4 m de altura en función del radio de la base, r.

e) El área total de un ortoedro cuya base es un cuadrado de lado l y cuya altura es 5 m.

5. Calcula el valor numérico de la siguiente fracción para $x = 5$:

$$\frac{x}{x^2 + 2x}$$

2 Operaciones con monomios

Suma y resta de monomios

La **suma** (o la **resta**) de monomios semejantes es otro monomio, también semejante a ellos, cuyo coeficiente es la suma (o la resta) de sus coeficientes.

Si dos monomios no son semejantes, su suma (o su resta) no se puede simplificar y hay que dejarla indicada.

Por ejemplo, $3xy - 4xy + 7xy = 6xy$ puede operarse porque $3xy$, $-4xy$ y $7xy$ son monomios semejantes. Sin embargo, $7x - 2x^2$ no puede simplificarse.

Producto de monomios

El **producto** de dos monomios es otro monomio cuyo coeficiente es el producto de los coeficientes, y su parte literal, el producto de las partes literales de los factores.

Por ejemplo:

$(2x) \cdot (3x^2) = 6x^3 \qquad 3 \cdot 2xy = 6xy \qquad (2x) \cdot (3xy) = 6x^2y \qquad 3x^2 \cdot \frac{1}{\sqrt{3}}y = \frac{3}{\sqrt{3}}x^2y$

Ten en cuenta

Atendiendo a las propiedades de las potencias:

Para elevar un monomio a una potencia, se eleva cada uno de los factores que contiene.

$(2x^2)^3 = 8x^6 \qquad (\sqrt{3}x)^2 = 3x^2$

$(3x^2y)^3 = 3^3(x^2)^3y^3 = 27x^6y^3$

Cociente de monomios

El **cociente** de dos monomios se obtiene dividiendo sus correspondientes expresiones y simplificando. El resultado puede ser un número, un monomio o una fracción algebraica.

Por ejemplo:

$$\frac{12x^2}{4x^2} = 3 \qquad \frac{2x^4y}{6x^2y} = \frac{x^2}{3} = \frac{1}{3}x^2 \qquad \frac{3x^2}{6x^3y} = \frac{1}{2xy}$$

Piensa y practica

1. Efectúa las siguientes sumas de monomios. Cuando el resultado no pueda simplificarse, déjalo indicado:

a) $7x - 3x + 8x + 5x - 10x + 2x$

b) $8x^2 - 5x^2 + \frac{2}{3}x^2 - \frac{x^2}{3}x^2 + \frac{7}{3}x^2$

c) $x + 7x - x^2 + 3x + 5x^2 - 2x^2$

d) $4xy^2 - 9xy^2 + xy^2 + 3xy^2$

e) $9x^5 + y^2 + 6y^2 - 13x^5 - 5 + y^3$

2. Opera.

a) $(3x^2) \cdot (5xy)$ b) $(\sqrt{3}x) \cdot (\sqrt{3}y)$

c) $(3xy)^2 : (2x^2)$ d) $(\sqrt{3}x)^2 \cdot (2x)$

3. Siendo $A = 5x^2$, $B = 4x$ y $C = -2x^2$, calcula:

a) $A + C$ b) $2A + 3C$

c) $A^2 - C$ d) $(A \cdot B) : C$

e) $(A : C) \cdot B$ f) $B^2 : C^2$

4. Reduce a una sola fracción, como en el ejemplo:

- $\frac{1}{x^2} + \frac{1}{3x} = \frac{3}{3x^2} + \frac{x}{3x^2} = \frac{3 + x}{3x^2}$

a) $\frac{3}{2x} - \frac{2}{3x}$ b) $\frac{1}{x} + \frac{1}{x^2}$

c) $\frac{2}{x^2} + \frac{1}{2x}$ d) $\frac{1}{x} + \frac{2}{x^2} + \frac{3}{x^3}$

3 Operaciones con polinomios

Suma y resta de polinomios

Recuerda

- Para sumar dos polinomios, se reducen los términos semejantes.
- Para restar dos polinomios, se suma el minuendo con el opuesto del sustraendo.

Observa cómo sumamos y restamos los polinomios $A = x^4 - 7x^3 + 4x + 5$ y $B = 2x^3 - 8x^2 + 6x + 1$:

$$\begin{array}{rr} A \rightarrow & x^4 - 7x^3 + 0x^2 + 4x + 5 \\ +B \rightarrow & 2x^3 - 8x^2 + 6x + 1 \\ \hline A + B \rightarrow & x^4 - 5x^3 - 8x^2 + 10x + 6 \end{array} \qquad \begin{array}{rr} A \rightarrow & x^4 - 7x^3 + 0x^2 + 4x + 5 \\ -B \rightarrow & -2x^3 + 8x^2 - 6x - 1 \\ \hline A - B \rightarrow & x^4 - 9x^3 + 8x^2 - 2x + 4 \end{array}$$

También podemos operar directamente, quitando paréntesis y agrupando los términos semejantes:

$$(x^4 - 7x^3 + 4x + 5) + (2x^3 - 8x^2 + 6x + 1) = x^4 - 7x^3 + 4x + 5 + 2x^3 - 8x^2 + 6x + 1 =$$
$$= x^4 - 7x^3 + 2x^3 - 8x^2 + 4x + 6x + 5 + 1 = x^4 - 5x^3 - 8x^2 + 10x + 6$$

$$(x^4 - 7x^3 + 4x + 5) - (2x^3 - 8x^2 + 6x + 1) = x^4 - 7x^3 + 4x + 5 - 2x^3 + 8x^2 - 6x - 1 =$$
$$= x^4 - 7x^3 - 2x^3 + 8x^2 + 4x - 6x + 5 - 1 = x^4 - 9x^3 + 8x^2 - 2x + 4$$

Producto de un polinomio por un monomio

Recuerda

Para multiplicar un monomio por un polinomio, se multiplica el monomio por cada uno de los términos del polinomio.

Multiplicamos el polinomio $M = 2x^3 - 5x^2 + 4x - 3$ por 3 y por $N = 4x^3$:

$$\begin{array}{rr} M \rightarrow & 2x^3 - 5x^2 + 4x - 3 \\ \times 3 \rightarrow & \times 3 \\ \hline 3M \rightarrow & 6x^3 - 15x^2 + 12x - 9 \end{array} \qquad \begin{array}{rr} M \rightarrow & 2x^3 - 5x^2 + 4x - 3 \\ \times N \rightarrow & \times 4x^3 \\ \hline M \cdot N \rightarrow & 8x^6 - 20x^5 + 16x^4 - 12x^3 \end{array}$$

También podemos multiplicar directamente:

$$3 \cdot (2x^3 - 5x^2 + 4x - 3) = 3 \cdot 2x^3 - 3 \cdot 5x^2 + 3 \cdot 4x - 3 \cdot 3 = 6x^3 - 15x^2 + 12x - 9$$

$$4x^3 \cdot (2x^3 - 5x^2 + 4x - 3) = 4x^3 \cdot 2x^3 - 4x^3 \cdot 5x^2 + 4x^3 \cdot 4x - 4x^3 \cdot 3 =$$
$$= 8x^6 - 20x^5 + 16x^4 - 12x^3$$

Piensa y practica

1. Quita paréntesis y reduce.

a) $(x^4 + 2x^3 + 5x^2 - 3x) + (4x^3 - 9x^2 + 7x - 1)$

b) $(5x^4 - 5x^2 - 3x) - (x^3 + 3x^2 + 6x - 11)$

c) $(7x^2 - 9x + 1) - (x^3 - 5x^2 - 4) + (x^3 - 4x^2)$

2. Efectúa.

a) $2 \cdot (3x^2 - 4x)$ b) $-5 \cdot (x^3 - 3x)$

c) $x \cdot (-2x + 3)$ d) $x^2 \cdot (x^2 - x + 1)$

3. Sean $P = x^5 - 3x^4 + 5x + 9$, $Q = 5x^2 + 3x - 11$.

Halla: a) $P + Q$ b) $P - Q$ c) $2P - 3Q$

4. Halla los productos siguientes:

a) $3x \cdot (2x + y + 1)$ b) $3a \cdot (a^2 + 2a^4)$

c) $ab^2 \cdot (a - b)$ d) $-5x^3 \cdot (3x^2 + 7x + 11)$

e) $x^2y \cdot (2x - y + 2)$ f) $7x^2y \cdot (3x + y)$

g) $5x^3y^3 \cdot (x^2 + x - 1)$ h) $3a^2b^3 \cdot (3a - b + 1)$

5. Calcula el polinomio P en cada caso.

a) $2 \cdot P = 6x^3 - 4x^2 - 8x + 2$

b) $x \cdot P = x^3 - 3x^2 - 5x$

c) $4x^2 \cdot P = -12x^5 + 4x^3 - 8x^2$

d) $2xy^2 \cdot P = 2x^2y^2 + 4xy^3 + 6x^2y^3$

Producto de polinomios

Vamos a multiplicar los polinomios $P = x^3 - 4x - 5$ y $Q = 2x^2 + x - 3$.

(Observa que cuando falta algún término, se incluye un monomio de coeficiente 0 en el lugar correspondiente).

$$\begin{array}{rrrrrrl} & & x^3 + & 0x^2 - & 4x - & 5 & \leftarrow P \\ & & \times & 2x^2 + & x - & 3 & \leftarrow Q \\ \hline & & -\ 3x^3 + & 0x^2 + & 12x + & 15 & \leftarrow \text{Producto por } -3 \\ & x^4 - & 0x^3 - & 4x^2 - & 5x & & \leftarrow \text{Producto por } x \\ 2x^5 + & 0x^4 - & 8x^3 - & 10x^2 & & & \leftarrow \text{Producto por } 2x^2 \\ \hline 2x^5 + & x^4 - & 11x^3 - & 14x^2 + & 7x + & 15 & \leftarrow P \cdot Q \end{array}$$

Cuando se multiplican polinomios de pocos términos, se suele operar directamente:

$$(5x^2 - 2) \cdot (2x - 3) = 10x^3 - 15x^2 - 4x + 6$$

Recuerda

Para multiplicar dos polinomios, se multiplica cada monomio de uno de los factores por todos y cada uno de los monomios del otro, y se suman los monomios semejantes obtenidos.

Otra forma de multiplicar

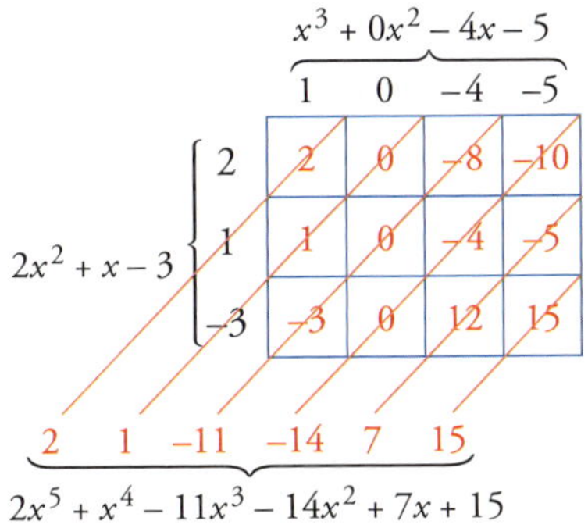

Nomenclatura

Si un polinomio P depende de la variable x, se le suele designar $P(x)$.

División de polinomios

La división de polinomios es similar a la división entera de números naturales. Veamos cómo se procede en la práctica dividiendo dos polinomios concretos:

$$P(x) = 2x^3 - 7x^2 - 11x + 13 \qquad Q(x) = 2x + 3 \qquad P(x) : Q(x)$$

$$\begin{array}{lrrrr|l} & 2x^3 & -\ 7x^2 & -\ 11x & +\ 13 & 2x + 3 \\ \cline{6-6} \text{Restamos } x^2 \cdot (2x + 3) \longrightarrow & -\ 2x^3 & -\ 3x^2 & & & x^2 - 5x + 2 \\ \cline{2-3} & & -\ 10x^2 & -\ 11x & +\ 13 & \\ \text{Restamos } -5x \cdot (2x + 3) \longrightarrow & & 10x^2 & +\ 15x & & \\ \cline{3-5} & & & 4x & +\ 13 & \\ \text{Restamos } 2 \cdot (2x + 3) \longrightarrow & & & -\ 4x & -\ 6 & \\ \cline{4-5} & & & & 7 & \end{array}$$

$(2x^3) : (2x) = x^2$

$(-10x^2) : (2x) = -5x$

$(4x) : (2x) = 2$

DIVIDENDO = DIVISOR · COCIENTE + RESTO

Por tanto: $2x^3 - 7x^2 - 11x + 13 = (2x + 3) \cdot (x^2 - 5x + 2) + 7$

Piensa y practica

6. Dados los polinomios $P = 5x^2 - 3$, $Q = x^2 - 4x + 1$, $R = -5x + 2$, calcula:

a) $P \cdot R$ b) $Q \cdot R$ c) $P \cdot Q$

7. Opera y simplifica:

a) $3x^2(2x^3 - 1) + 6(4x^2 - 3)$

b) $(x - 3)(x^2 + 1) - x^2(2x^3 + 5x^2)$

c) $(x - 3)(2x + 5) - 4(x^3 + 7x)$

8. Efectúa $P(x) : Q(x)$ en cada caso y expresa el resultado así:

$P(x) = Q(x) \cdot$ COCIENTE + RESTO

a) $P(x) = 3x^2 - 11x + 5$ $Q(x) = x + 6$

b) $P(x) = 6x^3 + 2x^2 + 18x + 3$ $Q(x) = 3x + 1$

c) $P(x) = 6x^3 + 2x^2 + 18x + 3$ $Q(x) = x$

d) $P(x) = 5x^2 + 11x - 4$ $Q(x) = 5x - 2$

4 División de un polinomio por $(x - a)$

La regla de Ruffini

Vas a aprender ahora un sencillo procedimiento para realizar con rapidez las divisiones de polinomios cuyos divisores son del tipo $(x - a)$.

Veámoslo con un ejemplo: $(2x^4 - 7x^3 + 11x - 2) : (x - 3)$

La división que conoces sería así:

$$
\begin{array}{rrrrr|l}
2x^4 & -\ 7x^3 & +\ 0x^2 & +\ 11x & -\ 2 & x - 3 \\ \hline
-2x^4 & +\ 6x^3 & & & & 2x^3 - x^2 - 3x + 2 \\ \hline
 & -\ x^3 & +\ 0x^2 & & & \\
 & +\ x^3 & -\ 3x^2 & & & \\ \hline
 & & -\ 3x^2 & +\ 11x & & \\
 & & +\ 3x^2 & -\ 9x & & \\ \hline
 & & & +\ 2x & -\ 2 & \\
 & & & -\ 2x & +\ 6 & \\ \hline
 & & & & 4 &
\end{array}
$$

Esa misma división se puede realizar, sintéticamente, del siguiente modo:

$(2x^4 - 7x^3 + 11x - 2) : (x - 3)$

	2	–7	0	11	–2
3		6	–3	–9	6
	2	–1	–3	2	4

Resto

Cociente: $2x^3 - x^2 - 3x + 2$

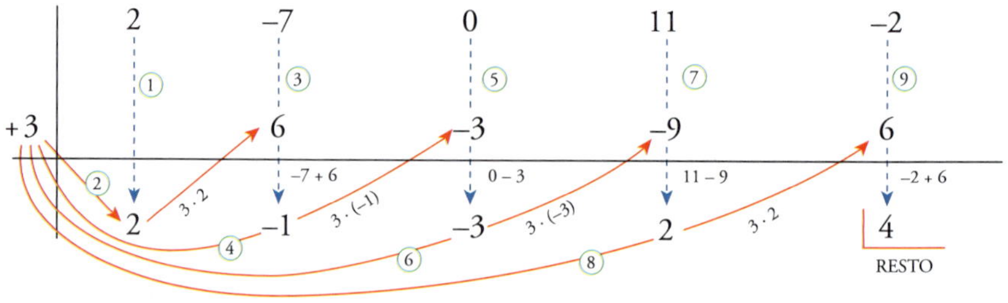

COCIENTE: 2 –1 –3 2 → significa: $2x^3 - x^2 - 3x + 2$

RESTO: 4

Los pasos numerados en verde son los que se dan en la división de arriba.

Este método, en el que solo intervienen los coeficientes y solo se realizan las operaciones que realmente importan, se llama **regla de Ruffini** en honor al matemático italiano que lo divulgó.

Ejercicio resuelto

Obtener el cociente y el resto en estas divisiones de polinomios:

a) $(4x^3 - 9x^2 + 6x + 5) : (x - 2)$

b) $(5x^4 - 2x^2 - 5) : (x + 1)$

a)

	4	–9	6	5
2		8	–2	8
	4	–1	4	13

$C(x) = 4x^2 - x + 4$

$R = 13$

b)

	5	0	–2	0	–5
–1		–5	5	–3	3
	5	–5	3	–3	–2

$C(x) = 5x^3 - 5x^2 + 3x - 3$

$R = -2$

Piensa y practica

1. Calcula el cociente y el resto en cada caso:

a) $(x^3 - 7x^2 + 9x - 3) : (x - 5)$

b) $(2x^3 + 7x^2 + 2x + 4) : (x + 3)$

c) $(x^4 - 2x^3 - 5x^2 + 3x - 6) : (x + 2)$

d) $(4x^4 - 3x^3 - x^2 + 5x - 1) : (x - 1)$

e) $(x^5 - 32) : (x - 2)$

Valor de un polinomio, $P(x)$, para $x = a$

Volviendo al polinomio que aparece como dividendo en el ejemplo de la página anterior, $P(x) = 2x^4 - 7x^3 + 11x - 2$, observa que el valor que toma para $x = 3$ coincide con el resto de su división entre $(x - 3)$:

$P(3) = 2 \cdot 3^4 - 7 \cdot 3^3 + 11 \cdot 3 - 2 = 162 - 189 + 33 - 2 = 4$

Resto de la división $P(x) : (x - 3) \rightarrow 4$

La coincidencia de esos valores no es casual, y su justificación es sencilla. Atendiendo a las relaciones entre los términos de la división, $D = d \cdot C + R$, vemos que:

$$P(x) = (x - 3) \cdot C(x) + 4 \quad \leftarrow \text{RESTO}$$

$$P(3) = \underbrace{(3 - 3)}_{0} \cdot C(3) + 4 = 4$$

Y lo dicho para el ejemplo se puede generalizar para cualquier división de un polinomio entre $(x - a)$, como puedes ver a la izquierda.

Ten en cuenta

La notación $P(a)$ significa: valor del polinomio P para $x = a$.

$$\begin{array}{l|l} P(x) & x - a \\ \cline{2-2} \dots & C(x) \\ R & \end{array}$$

$P(x) = (x - a) \cdot C(x) + R$

$P(a) = (a - a) \cdot C(a) + R =$

$= 0 \cdot C(a) + R = R$

> El valor de un polinomio para $x = a$ coincide con el resto que se obtiene al dividirlo entre $(x - a)$.

Según estos resultados, podemos calcular el valor de un polinomio para $x = a$ con ayuda de la regla de Ruffini: lo dividimos entre $(x - a)$ y tomamos el resto de la división.

Ejercicio resuelto

Calcular el valor del polinomio $Q(x) = x^4 + 7x^3 + 6x^2 - 6x + 2$ para los valores siguientes:

a) $x = 2$

b) $x = -5$

a) Dividimos $Q(x) : (x - 2)$ y tomamos el resto:

	1	7	6	−6	2
2		2	18	48	84
	1	9	24	42	86

$Q(2) = 86$

b) Dividimos $Q(x) : (x + 5)$ y tomamos el resto:

	1	7	6	−6	2
−5		−5	−10	20	−70
	1	2	−4	14	−68

$Q(-5) = -68$

En la web: Regla de Ruffini: ejemplos y ejercicios.

Piensa y practica

2. Sea el polinomio $M(x) = x^4 - 8x^3 + 15x^2 + 7x + 8$.

a) Calcula $M(4) = 4^4 - 8 \cdot 4^3 + 15 \cdot 4^2 + 7 \cdot 4 + 8$.

b) Divide, con la regla de Ruffini, $M(x) : (x - 4)$.

c) Comprueba que el resultado del apartado a) coincide con el resto de la división que has realizado en b).

3. El valor de un polinomio, $A(x)$, para $x = 7$ es 54. ¿Qué puedes decir de la división $A(x) : (x - 7)$?

4. Del polinomio $H(x)$ sabemos:

$H(5) = 18 \qquad H(-5) = 13$

a) ¿Cuál es el resto de la división $H(x) : (x - 5)$?

b) ¿Y el de la división $H(x) : (x + 5)$?

5. Considera los polinomios siguientes:

$P(x) = 3x^3 - 5x^2 - 9x + 3$

$Q(x) = x^4 - 12x^2 - 11x + 9$

Calcula, utilizando la regla de Ruffini:

a) $P(3)$ b) $P(-1)$ c) $Q(3)$ d) $Q(-1)$

6. Calcula, con ayuda de la regla de Ruffini, el valor del polinomio $2x^3 - 7x^2 - 17x + 10$ para:

a) $x = -2$ b) $x = -3$ c) $x = 5$

7. De un polinomio $P(x)$, sabemos que se anula para el valor $x = 8$, es decir, $P(8) = 0$.

¿Qué puedes decir de la división $P(x) : (x - 8)$?

5 Raíces de un polinomio

División exacta

$$\begin{array}{r|l} P(x) & x-a \\ \cline{2-2} \dots & C(x) \\ 0 & \end{array}$$

$$P(x) = (x-a) \cdot C(x)$$

Vamos a pensar ahora en las divisiones exactas del tipo $P(x) : (x-a)$.

Por ser exactas, el resto es cero y, según el apartado anterior, también será cero el valor que toma el polinomio $P(x)$ para $x = a$:

$$P(x) = (x-a) \cdot C(x) + 0 \rightarrow P(a) = (a-a) \cdot C(a) + 0 = 0$$

Ejemplo

Dividimos el polinomio $P(x) = x^3 + 3x^2 - 6x - 8$ entre $(x-2)$:

	1	3	–6	–8
2		2	10	8
	1	5	4	0 → R

$C(x) = x^2 + 5x + 4$

$P(2) = 2^3 + 3 \cdot 2^2 - 6 \cdot 2 - 8 =$
$= 8 + 12 - 12 - 8 = 0$

RESTO DE LA DIVISIÓN → 0

$$P(2) = (2-2) \cdot C(2) = 0$$
$$P(2) = R = 0$$

Decimos entonces que el valor $x = 2$ es una *raíz* del polinomio.

Ten en cuenta

Una raíz, a, de un polinomio, permite descomponerlo en dos factores:

$$P(x) = (x-a) \cdot C(x)$$

Si la división $P(x) : (x-a)$ es exacta, entonces el polinomio $P(x)$ se anula para $x = a$.

Decimos que ***a* es una raíz** del polinomio $P(x)$ si $P(a) = 0$.

Búsqueda de las raíces enteras de un polinomio $P(x)$

	1	3	–6	–8
2				8
		×	4	0 → R

Observa que en la división exacta anterior, el último producto, $2 \cdot 4$, cambiado de signo, es igual al último coeficiente del polinomio, -8. Así, la raíz, 2, es divisor de 8. En caso contrario, el resto no habría podido ser cero.

Confirmémoslo con otro ejemplo:

La división $(x^3 - 4x^2 - 11x + 30) : (x-5)$ es exacta y, por tanto, el valor $x = 5$ es una raíz del polinomio $x^3 - 4x^2 - 11x + 30$.

	1	–4	–11	30
5		5	5	–30
	1	1	–6	0

	1	–4	–11	30
5				–30
		×	–6	0

Al aplicar la regla de Ruffini, el último producto es $5 \cdot (-6) = -30$, opuesto del último coeficiente del polinomio.

Vemos que $x = a$ no puede ser raíz entera del polinomio del ejemplo si a no es divisor de 30.

Observa

	1	–4	–11	30
3		3	–3	–42
	1	–1	–14	–12

3 es divisor de 30, pero no es raíz del polinomio dividendo.

Una raíz entera de un polinomio con coeficientes enteros es, necesariamente, un divisor del **término independiente,** el que no lleva x.

Un divisor del término independiente del polinomio puede ser raíz del polinomio o no serlo.

Así, cuando queramos buscar las raíces enteras de un polinomio, lo haremos entre los divisores del término independiente.

Ejercicios resueltos

1. ***Averiguar si $x = 5$ es raíz de alguno de estos polinomios:***

$M(x) = x^4 - 9x^3 + 17x + 18$

$N(x) = 2x^4 - 11x^3 + 18x + 20$

$K(x) = x^4 - 23x^2 - 7x - 15$

- La división $M(x) : (x - 5)$ no puede tener resto cero, porque 5 no es divisor del término independiente del polinomio, 18.

  Por tanto, el valor $x = 5$ no es raíz del polinomio $M(x)$.

- La división $N(x) : (x - 5)$ no es exacta, pues $R = N(5) = -15$.

  El valor $x = 5$ no es raíz del polinomio $N(x)$.

	2	–11	0	18	20
5		10	–5	–25	–35
	2	–1	–5	–7	–15

- La división $K(x) : (x - 5)$ es exacta, pues $R = K(5) = 0$.

  El valor $x = 5$ sí es raíz del polinomio $K(x)$.

	1	0	–23	–7	–15
5		5	25	10	15
	1	5	2	3	0

2. ***Considerar el polinomio***

$Q(x) = 2x^3 + 7x^2 + 6x + 9.$

a) Encontrar una raíz entera de $Q(x)$.

b) Descomponer $Q(x)$ en dos factores.

El término independiente del polinomio es 9.

Buscaremos la raíz entre los divisores de 9, que son ± 1, ± 3 y ± 9.

Iremos probando divisiones $Q(x) : (x - a)$, siendo a cada uno de esos divisores.

Los primeros intentos entre $(x - 1)$, $(x + 1)$ y $(x - 3)$ son fallidos. Observa:

	2	7	6	9
1		2	9	15
	2	9	15	24

	2	7	6	9
–1		–2	–5	–1
	2	5	1	8

	2	7	6	9
3		6	39	135
	2	13	45	144

Sin embargo, al dividir entre $(x + 3)$, obtenemos de resto 0. Es decir, $x = -3$ es raíz de $Q(x)$.

	2	7	6	9
–3		–6	–3	–9
	2	1	3	0

a) $x = -3$ es raíz del polinomio $Q(x)$, porque $Q(-3) = 0$.

b) $Q(x) = 2x^3 + 7x^2 + 6x + 9 = (x + 3) \cdot (2x^2 + x + 3)$

3. ***Escribir un polinomio de tercer grado cuyas raíces sean 0, 1 y 2.***

$P(x) = x(x - 1)(x - 2)$ cumple esta condición.

Observa que: $P(0) = 0 \cdot (0 - 1) \cdot (0 - 2) = 0$ $\quad P(1) = 1 \cdot (1 - 1) \cdot (1 - 2) = 0$

$P(2) = 2 \cdot (2 - 1) \cdot (2 - 2) = 0$

Solución: $P(x) = x(x - 1)(x - 2) = x^3 - 3x^2 + 2x$

Piensa y practica

1. Averigua si alguno de los valores 1, –3, 5, –7 es raíz del polinomio $x^4 - 4x^3 + 2x^2 + 5x - 4$.

2. ¿Cuáles son las raíces de $P(x) = (x - 2)(x + 5)(x - 6)$?

3. Escribe un polinomio de tercer grado cuyas raíces sean 2, –2 y 3.

4. Calcula mentalmente alguna raíz de cada uno de estos polinomios:

a) $x^2 - x$ $\quad$ b) $x^3 - 1$ $\quad$ c) $x^4 + x$

5. Busca una raíz entera de cada uno de estos polinomios. Si no la hay, justifica por qué.

$A(x) = 4x^3 + 2x^2 + 5x + 7$

$B(x) = x^3 + 2x^2 + 3x + 1$

$C(x) = x^4 - 2x^3 - x^2 - 7x + 3$

$D(x) = x^5 + x^4 + x^3 + x^2 + x + 1$

6. El polinomio $x^3 + 2x^2 - 8x$ tiene tres raíces enteras. Calcúlalas por tanteo.

6 Factorización de polinomios

Factorizar un polinomio es descomponerlo en producto de polinomios (factores) del menor grado posible.

Para factorizar polinomios, dispones de algunos recursos que se exponen, mediante ejemplos, a continuación.

Sacar factor común

Ejemplo 1

$P(x) = 6x^4 - 9x^3 + 12x^2 - 3x \rightarrow$ El factor común es $3x$.

$P(x) = 6x^4 - 9x^3 + 12x^2 - 3x = 3x(2x^3 - 3x^2 + 4x - 1)$

Ejemplo 2

$Q(x) = 45x^5 + 120x^3 + 80x^2 \rightarrow$ El factor común es $5x^2$.

$Q(x) = 45x^5 + 120x^3 + 80x^2 = 5x^2(9x^3 + 24x + 16)$

Comprueba

Si recorres el camino contrario, multiplicando $3x$ por el paréntesis, obtienes el polinomio original.

Utilizar las identidades notables

Ejemplo 3

$A(x) = 4x^2 + 4x + 1 \rightarrow$ Se puede expresar como cuadrado de una suma.

$A(x) = 4x^2 + 4x + 1 = (2x)^2 + 2 \cdot (2x) \cdot (1) + (1)^2 = (2x + 1)^2$

Ejemplo 4

$B(x) = 9x^2 - 12x + 4 \rightarrow$ Se puede expresar como cuadrado de una diferencia.

$B(x) = 9x^2 - 12x + 4 = (3x)^2 - 2 \cdot (3x) \cdot (2) + (2)^2 = (3x - 2)^2$

Ejemplo 5

$C(x) = 4x^2 - 25 \rightarrow$ Se puede expresar como producto de suma por diferencia.

$C(x) = 4x^2 - 25 = (2x)^2 - (5)^2 = (2x + 5)(2x - 5)$

Recuerda

Identidades notables:

$(a + b)^2 = a^2 + 2ab + b^2$

$(a - b)^2 = a^2 - 2ab + b^2$

$(a + b)(a - b) = a^2 - b^2$

En la web

Repasa la utilización de las identidades notables.

Ejercicios resueltos

1. ***Descomponer en factores:***

$Q(x) = 2x^4 - 12x^3 + 18x^2$

Empezamos sacando factor común $2x^2$:

$Q(x) = 2x^4 - 12x^3 + 18x^2 = 2x^2(x^2 - 6x + 9)$

Observando el segundo factor, vemos que se puede expresar como el cuadrado de una diferencia:

$Q(x) = 2x^4 - 12x^3 + 18x^2 = 2x^2(x^2 - 2 \cdot x \cdot 3 + 3^2) = 2x^2(x - 3)^2$

2. ***Simplificar esta fracción:***

$$\frac{2x^3 - 18x}{2x^4 - 12x^3 + 18x^2}$$

Descomponemos el numerador sacando factor común y, después, transformando una diferencia de cuadrados en suma por diferencia:

$2x^3 - 18x = 2x(x^2 - 9) = 2x(x + 3)(x - 3)$

El denominador coincide con el polinomio descompuesto en el ejercicio anterior:

$$\frac{2x^3 - 18x}{2x^4 - 12x^3 + 18x^2} = \frac{2x(x + 3)(x - 3)}{2x^2(x - 3)^2} = \frac{x + 3}{x(x - 3)}$$

En la web Practica las identidades notables.

Factorizar con ayuda de la regla de Ruffini

Vamos ahora a aplicar lo aprendido en el epígrafe anterior sobre la búsqueda de las raíces de un polinomio.

En la web
Factorización de polinomios mediante la regla de Ruffini.

Ejemplo 6

$A(x) = x^4 - 2x^3 - 2x^2 - 2x - 3 \longrightarrow$ Aplicamos la regla de Ruffini, probando con los divisores de 3 (+1, –1, +3, –3).

Vemos que la división del polinomio $A(x)$ entre $(x + 1)$ es exacta, lo que nos permite una primera descomposición:

	1	–2	–2	–2	–3
–1		–1	3	–1	3
	1	–3	1	–3	0
3		3	0	3	
	1	0	1	0	

$A(x) = x^4 - 2x^3 - 2x^2 - 2x - 3 = (x + 1) \cdot (x^3 - 3x^2 + x - 3)$

Seguimos el mismo proceso con el polinomio $C(x) = x^3 - 3x^2 + x - 3$, y vemos que la división entre $(x - 3)$ es exacta:

$C(x) = x^3 - 3x^2 + x - 3 = (x - 3) \cdot (x^2 + 0x + 1)$

$A(x) = (x + 1) \cdot (x^3 - 3x^2 + x - 3) = (x + 1) \cdot (x - 3) \cdot (x^2 + 1)$

El último factor, $(x^2 + 1)$, no se puede descomponer, pues no hay ningún valor de x que lo anule. Es decir, no tiene raíces.

Ejercicios resueltos

1. ***Factorizar el siguiente polinomio:***

$H(x) = 4x^3 - 8x^2 - x + 2$

Empezamos buscando raíces del polinomio entre los divisores del término independiente: +1, –1, +2, –2.

Y encontramos que la división entre $(x - 2)$ es exacta:

	4	–8	–1	2
2		8	0	–2
	4	0	–1	0

$H(x) = 4x^3 - 8x^2 - x + 2 = (x - 2) \cdot (4x^2 - 1)$

El segundo factor es una diferencia de cuadrados, que se descompone en suma por diferencia:

$H(x) = (x - 2) \cdot (2x + 1) \cdot (2x - 1)$

2. ***Simplificar esta fracción:***

$$\frac{12x^2 - 3}{4x^3 - 8x^2 - x + 2}$$

Sacamos factor común en el numerador. El denominador coincide con el polinomio del ejercicio anterior.

$$\frac{12x^2 - 3}{4x^3 - 8x^2 - x + 2} = \frac{3(4x^2 - 1)}{(x - 2)(4x^2 - 1)} = \frac{3}{x - 2}$$

Piensa y practica

1. Descompón en factores sacando factor común y utilizando los productos notables.

a) $x^3 + 6x^2 + 9x$ b) $2x^3 - 4x^2 + 2x$

c) $3x^4 - 12x^2$ d) $8x^5 - 24x^4 + 18x^3$

2. Factoriza con ayuda de la regla de Ruffini.

a) $x^3 - 6x^2 + 11x - 6$ b) $2x^3 + 6x^2 - x - 30$

c) $x^3 + 7x^2 + 14x + 8$ d) $3x^5 + x^2 - 24x + 36$

3. Descompón en el máximo número de factores que sea posible.

a) $2x^4 - 12x^3 + 10x^2$ b) $5x^3 + 10x^4 + 25x^2$

c) $x^3 - x^2 - x - 2$ d) $x^4 - 2x^3 - 8x^2 + 18x - 9$

e) $x^3 + 3x^2 + 3x + 1$ f) $x^3 - 6x^2 + 12x - 8$

4. Simplifica.

a) $\dfrac{5x^3 + 20x^2}{3x^3 - 24x^2 + 48x}$ b) $\dfrac{x^2 + 7}{x^3 - 3x^2 + 7x - 21}$

En la web
- Factorización de polinomios de grado 2.
- Factorización de polinomios de grado 3.

7 Preparación para ecuaciones

Expresiones de primer grado

Con el fin de prepararte para la resolución de ecuaciones y sistemas de primer grado, te conviene adquirir agilidad en la operatoria y simplificación de expresiones de primer grado.

Ejercicios resueltos

1. ***Simplificar esta expresión:*** $3(5x-7)+2(x-1)-5x+3$	$3(5x-7)+2(x-1)-5x+3=15x-21+2x-2-5x+3=$ $=12x-20$
2. ***Multiplicar por 36 y simplificar esta expresión:*** $-\dfrac{3(x+5)}{12}-\dfrac{2(11-x)}{9}+6$	$-\dfrac{36\cdot 3(x+5)}{12}-\dfrac{36\cdot 2(11-x)}{9}+36\cdot 6=-9(x+5)-8(11-x)+216=$ $=-9x-45-88+8x+216=$ $=-x+83$
3. ***En la expresión $4x+3y-3$, sustituir x por $(7-4y)$ y simplificar.***	$4x+3y-3$ $4(7-4y)+3y-3=28-16y+3y-3=-13y+25$
4. ***Multiplicar por 6 y simplificar esta expresión:*** $\dfrac{2(x-y+4)}{3}-\dfrac{2x-y}{2}-\dfrac{5}{6}$	$6\cdot\left(\dfrac{2(x-y+4)}{3}\right)-\dfrac{6(2x-y)}{2}-6\cdot\dfrac{5}{6}=2\cdot 2(x-y+4)-3(2x-y)-5=$ $=4x-4y+16-6x+3y-5=$ $=-2x-y+11$

Piensa y practica

1. Simplifica las siguientes expresiones:

a) $3(x-1)+5(x-2)-7x$

b) $2(2x-3)+1-(x-5)$

c) $5x+3(1-x)-12-2(x-5)$

d) $10(x-1)+2(x+9)-4(2+3x)$

e) $3x-1-(2x+1)-1+(x+2)+3$

2. Multiplica por el número indicado y simplifica.

a) $\dfrac{3(x+2)}{2}+\dfrac{x-1}{5}-\dfrac{2(x+1)}{5}-\dfrac{37}{10}$ por 10

b) $\dfrac{2x-3}{2}-\dfrac{x+3}{4}+4+\dfrac{x-1}{2}$ por 4

c) $x+\dfrac{2x-3}{9}+\dfrac{x-1}{3}-\dfrac{12x+4}{9}$ por 9

d) $\dfrac{2x}{3}-\dfrac{3y}{2}-2(x+y)+3$ por 6

e) $\dfrac{2(x+1)}{3}-\dfrac{y}{2}-1$ por 6

3. Expresa algebraicamente y simplifica.

a) La suma de un número más su tercera parte.

b) La suma de las edades de Ana y Raquel, sabiendo que Ana tiene 8 años más que Raquel.

c) Invertí una cantidad, x, y ha aumentado un 12 %. ¿Qué cantidad tengo ahora?

d) Invertí una cantidad, x, y he perdido el 5 %. ¿Qué cantidad tengo ahora?

e) La suma de tres números consecutivos.

f) El triple de un número menos su cuarta parte.

g) La suma de las edades de Alberto y su padre, sabiendo que este tiene 28 años más que aquel.

h) Un ciclista va a una velocidad v. Otro ciclista viene 10 km/h más rápido. ¿A qué velocidad se acerca el uno al otro?

Expresiones de segundo grado

Con vistas a la resolución de ecuaciones de segundo grado, te conviene adquirir agilidad en el manejo de este tipo de expresiones.

Ejercicios resueltos

1. ***Simplificar esta expresión:*** $(x+5)^2 - 2(x+1)(x-3)$

$(x+5)^2 - 2(x+1)(x-3) =$ (efectuamos las multiplicaciones)

$= x^2 + 10x + 25 - 2(x^2 - 2x - 3) =$ (suprimimos paréntesis)

$= x^2 + 10x + 25 - 2x^2 + 4x + 6 = -x^2 + 14x + 31$

2. ***Multiplicar por 4 y simplificar esta expresión:***

$$\frac{(x-1)^2}{2} - \frac{(x+2)(x-2)}{4} - \frac{3}{4}$$

$$4 \cdot \frac{(x-1)^2}{2} - 4 \cdot \frac{(x+2)(x-2)}{4} - 4 \cdot \frac{3}{4} =$$

$= 2(x-1)^2 - (x+2)(x-2) - 3 = 2(x^2 - 2x + 1) - (x^2 - 4) - 3 =$

$= 2x^2 - 4x + 2 - x^2 + 4 - 3 = x^2 - 4x + 3$

3. ***Expresar algebraicamente el producto de dos números pares consecutivos.***

Un número par cualquiera: $2x$

El siguiente número par: $2x + 2$

El producto: $2x \cdot (2x + 2)$

Simplificando: $4x^2 + 4x$

4. ***Expresar algebraicamente el área total de un cilindro de 15 cm de altura y radio de la base desconocido.***

$A_{TOTAL} = 2\,A_{BASE} + A_{LATERAL} = 2 \cdot \pi r^2 + 2\pi r \text{h}$

$\text{h} = 15 \rightarrow A_{TOTAL} = 2\pi r^2 + 30\pi r$

Es una expresión de 2.º grado con variable r.

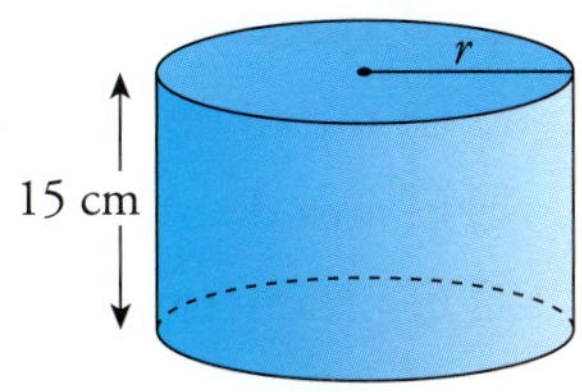

Piensa y practica

4. Simplifica las siguientes expresiones:

a) $(x-1)(x+1) + (x-2)^2 - 3$

b) $(x+2)(x-3) + x - 3$

c) $(x+1)^2 - 2x(x+2) + 14$

d) $(x+1)^2 - (x-1)^2 + 2 - x^2 - 6$

5. Multiplica por el número indicado y simplifica:

a) $x(2x+1) - \dfrac{(x-1)^2}{2} - 3$ por 2

b) $\dfrac{x(x+3)}{2} - \dfrac{(x+1)^2}{3} + \dfrac{1}{3}$ por 6

6. Expresa algebraicamente y simplifica.

a) El producto de dos números naturales consecutivos.

b) El cuadrado de la hipotenusa de un triángulo rectángulo cuyos catetos miden x y $x + 5$.

c) El área de un rectángulo cuyas dimensiones (largo y ancho) suman 11 dm.

d) El área de un rectángulo de 200 m de perímetro.

7. La diferencia de dos números es 20. Si al menor lo llamamos x:

a) ¿Cómo se designa al mayor?

b) ¿Cómo se designa su producto?

c) ¿Cómo se designa la suma de sus cuadrados?

Ejercicios y problemas

Practica

Monomios

1. Considera los siguientes monomios:

a) $2x^2$ b) $-3x^3$ c) $\frac{1}{2}x^2$

d) $\frac{3}{4}x$ e) $-\frac{1}{3}x$ f) x^3

- Indica el grado y el coeficiente en cada caso.
- Calcula el valor numérico de cada uno para $x = -1$ y para $x = 1/2$.

2. Opera y simplifica todo lo posible.

a) $-2x^3 + x^3 - 3x^3$ b) $-3x^2 - \frac{2}{5}x^2 + 5x^2$

c) $\frac{1}{2}xy - \frac{3}{4}xy + xy$ d) $\frac{2}{5}x^2 - \frac{1}{10}x^2 + x^2$

e) $2x \cdot (-3x^2) \cdot (-x)$ f) $\frac{3}{4}x^3 \cdot (-2x^2) \cdot 2x$

g) $-\frac{15x^6}{3x^2} \cdot x$ h) $-\frac{7x^3}{2x^2} \cdot x$

3. Expresa mediante un monomio estos enunciados:

a) La mitad de un número más su tercera parte.

b) El área de un círculo de radio r.

c) El producto de un número por el triple de otro.

d) El volumen de un ortoedro de dimensiones x, $2x$ y 5 cm.

e) El volumen de una pirámide de altura h cuya base es un cuadrado de lado l.

Polinomios

4. Reduce e indica el grado de cada polinomio:

a) $2x^4 - 3x^2 + 4x$ b) $x^2 - 3x^3 + 2x$

c) $3x^3 - 2x^2 - 3x^3$ d) $2x + 3$

5. Dados los polinomios $P(x) = 2x^4 - 5x^3 + 3x - 1$ y $Q(x) = 6x^3 + 2x^2 - 7$, calcula $P + Q$ y $P - Q$.

6. Efectúa.

a) $3x(2x^2 - 5x + 1)$ b) $7x^3(2x^3 + 3x^2 - 2)$

c) $-5x(x^4 - 3x^2 + 5x)$ d) $-x^2(x^3 + 4x^2 - 6x + 3)$

7. Opera y simplifica.

a) $(5x - 2)(3 - 2x)$ b) $x(x - 3)(2x - 1)$

c) $(x^2 - 5x)(x^3 + 2x)$ d) $(3x^3 + 1)(2x^2 - 3x + 5)$

8. Calcula el cociente y el resto en estas divisiones:

a) $(3x^2 - 7x + 5) : (3x + 1)$

b) $(4x^3 - x) : (2x + 3)$

c) $(5x^3 - 3x^2 + 8x) : (5x + 2)$

9. Las siguientes divisiones son exactas. Efectúalas y expresa el dividendo como producto de dos factores:

a) $(x^5 + 2x^4 + x + 2) : (x + 2)$

b) $(3x^3 + 7x^2 + 7x + 4) : (3x + 4)$

c) $(x^3 - x^2 + 9x - 9) : (x - 1)$

d) $(2x^3 - 3x^2 + 10x - 15) : (2x - 3)$

10. Expresa mediante un polinomio cada uno de estos enunciados:

a) La suma de los cuadrados de dos números consecutivos.

b) El área total de un ortoedro de dimensiones x, $2x$ y 5 cm.

c) La cantidad de leche envasada en "x" botellas de 1,5 l y en "y" botellas de 1 l.

d) El área de un triángulo rectángulo en el que un cateto mide 3 cm más que el otro.

Factor común e identidades notables

11. Saca factor común en cada polinomio:

a) $9x^2 + 6x - 3$ b) $2x^3 - 6x^2 + 4x$

c) $10x^3 - 5x^2$ d) $x^4 - x^3 + x^2 - x$

e) $410x^5 - 620x^3 + 130x$ f) $72x^4 - 64x^3$

g) $5x - 100x^3$ h) $30x^6 - 75x^4 - 45x^2$

12. Completa estas expresiones en tu cuaderno:

a) $(x - 3)^2 = x^2 - \square x + 9$

b) $(2x + 1)^2 = 4x^2 + \square x + 1$

c) $(x + \square)^2 = x^2 + \square x + 16$

d) $(3x - \square)^2 = \square x^2 - \square x + 4$

13. Expresa los polinomios siguientes como cuadrado de un binomio (hazlo en tu cuaderno):

a) $x^2 + 12x + 36 = (x + \square)^2$

b) $49 + 14x + x^2 = (\square + \square)^2$

c) $4x^2 - 20x + 25 = (\square - 5)^2$

d) $1 + 4x + 4x^2 = (\square + \square)^2$

14. Expresa en cada caso como producto de dos binomios (hazlo en tu cuaderno):

a) $x^2 - 16 = (x + \square)(x - \square)$

b) $x^2 - 1$

c) $9 - x^2$

d) $4x^2 - 1$

e) $25 - 9x^2$

Expresiones de primer grado

15. Opera y simplifica.

a) $6(x + 3) - 2(x - 5)$

b) $3(2x + 1) + 7(x - 3) - 4x$

c) $5(3 - 2x) - (x + 7) - 8$

d) $4(1 - x) + 6x - 10 - 3(x - 5)$

e) $2x - 3 + 3(x - 1) - 2(3 - x) + 5$

f) $2(x + 3) - (x + 1) - 1 + 3(5x - 4)$

16. Multiplica por el número indicado en cada caso y simplifica:

a) $\dfrac{1 - 2x}{9} - 1 + \dfrac{x + 4}{6}$ por 18

b) $\dfrac{3x + 2}{5} - \dfrac{4x - 1}{10} + \dfrac{5x - 2}{8} - \dfrac{x + 1}{4}$ por 40

c) $\dfrac{x - 3}{2} - \dfrac{5x + 1}{3} - \dfrac{1 - 9x}{6}$ por 6

17. Multiplica en cada caso por el mínimo común múltiplo de los denominadores y simplifica la expresión resultante:

a) $\dfrac{x + 1}{2} + \dfrac{x - 3}{5} - 2x + 6 - \dfrac{x - 8}{5}$

b) $\dfrac{1 + 12x}{4} - \dfrac{x - 4}{12} - \dfrac{3(x + 1) - (1 - x)}{8}$

c) $\dfrac{3x - 2}{6} - \dfrac{4x + 1}{10} + \dfrac{2}{15} + \dfrac{2(x - 3)}{4}$

Expresiones de segundo grado

18. Opera y simplifica.

a) $(x - 3)(x + 3) + (x - 4)(x + 4) - 25$

b) $(x + 1)(x - 3) + (x - 2)(x - 3) - (x^2 - 3x - 1)$

c) $2x(x + 3) - 2(3x + 5) + x$

d) $(x + 1)^2 - 3x - 3$

e) $(2x + 1)^2 - 1 - (x - 1)(x + 1)$

f) $x(x - 3) + (x + 4)(x - 4) - (2 - 3x)$

19. Multiplica por el número indicado y simplifica.

a) $(3x + 1)(3x - 1) + \dfrac{(x - 2)^2}{2} - 1 + 2x$ por 2

b) $\dfrac{x^2 + 2}{3} - \dfrac{x^2 + 1}{4} - \dfrac{x + 15}{12}$ por 12

c) $\dfrac{(2x - 1)(2x + 1)}{3} - \dfrac{3x - 2}{6} - \dfrac{x^2}{3}$ por 6

20. Multiplica por el mín.c.m. de los denominadores y simplifica.

a) $\dfrac{(x + 1)(x - 3)}{2} + x - \dfrac{x}{4}$

b) $x + \dfrac{3x + 1}{2} - \dfrac{x - 2}{3} - x^2 + 2$

c) $\dfrac{x(x - 1)}{3} - \dfrac{x(x + 1)}{4} - \dfrac{3x + 4}{12}$

Regla de Ruffini

21. Divide aplicando la regla de Ruffini.

a) $(x^2 - 5x + 1) : (x - 2)$

b) $(x^3 - 3x^2 + 5x + 2) : (x + 1)$

c) $(2x^3 - 15x - 7) : (x - 3)$

d) $(3x^4 + 5x^3 - 2x^2 + x - 1) : (x + 2)$

22. Calcula el cociente y el resto de estas divisiones:

a) $(5x^2 + 13x + 4) : (x + 3)$

b) $(x^3 - x^2 - 15x - 11) : (x - 5)$

c) $(3x^3 - 2x^2 + 8x - 6) : (x + 1)$

d) $(x^4 - 2x^3 - 16x^2 - 7x) : (x - 2)$

23. Calcula el valor numérico de cada polinomio para el valor de la incógnita que se indica:

a) $5x^2 - 4x + 4$ para $x = -1$

b) $x^4 - 2x^3 - 3x^2 + 9$ para $x = 2$

c) $3x^3 - 4x^2 - 16x + 15$ para $x = -2$

d) $x^4 - x^3 - 17x^2 - 11x$ para $x = 4$

24. Busca el valor que debe tomar en cada polinomio el término independiente, m, para que la división sea exacta:

a) $(6x^2 - 5x + m) : (x - 2)$

b) $(2x^4 - 2x^3 - 5x^2 + 9x - m) : (x + 1)$

c) $(x^3 - 9x^2 - 10x + m) : (x - 1)$

d) $(2x^4 - 9x^3 - 18x + m) : (x - 5)$

Ejercicios y problemas

25. Observa y contesta.

	1	−3	−13	15
1		1	−2	−15
	1	−2	−15	0
−3		−3	15	
	1	−5	0	

a) ¿Cuáles con las raíces del polinomio $P(x)$?

$$P(x) = x^3 - 3x^2 - 13x + 15$$

b) Factoriza $P(x)$.

Aplica lo aprendido

26. Saca factor común y utiliza las identidades notables para factorizar los siguientes polinomios:

a) $x^3 - 6x^2 + 9x$ b) $x^3 - x$

c) $4x^4 - 81x^2$ d) $x^3 + 2x^2 + x$

e) $3x^3 - 27x$ f) $3x^2 + 30x + 75$

27. Factoriza los polinomios siguientes:

a) $x^4 - 8x^3 + 16x^2$ b) $x^3 - 4x$

c) $9x^3 + 6x^2 + x$ d) $4x^2 - 25$

28. Encuentra las raíces de estos polinomios y factorízalos:

a) $x^3 + 2x^2 - x - 2$ b) $x^3 - 19x^2 + 34x$

c) $x^3 - x^2 - 5x - 3$ d) $x^3 + 2x^2 - 9x - 18$

29. Simplifica.

a) $\dfrac{x^2 + 2x}{3x^3 + 6x^2}$ b) $\dfrac{x^2 - 25}{x^2 - 10x + 25}$

c) $\dfrac{20x^2 - 2x - 3}{x^2 - 6x + 9}$ d) $\dfrac{x^2 + 2x - 3}{x^3 + 6x^2 + 5x - 12}$

30. En cada caso, desarrolla $A + B$ y simplifica:

a) $A = 4(x - 3) + y$ $B = 3(x + 3) - y - 18$

b) $A = \dfrac{x + 4}{5} - y + 1$ $B = \dfrac{x - 6}{5} + y + 1$

c) $A = -2\left(\dfrac{x + 1}{3} + y - 1\right)$ $B = \dfrac{x - 3}{4} + 2y - 1$

d) $A = 6(x + 2) - 2(y + 7)$ $B = x + 2(y + 1)$

31. Expresa algebraicamente.

a) La edad de Alberto dentro de 22 años, si hoy tiene x años.

b) La cantidad que se obtiene al invertir x euros y ganar el 11 %.

c) Por un ordenador y un reproductor de música se pagan 2 500 €. Si el ordenador cuesta x euros, ¿cuánto cuesta el reproductor de música?

d) Se compra un artículo por x euros y pierde el 15 % de su valor. ¿Cuánto costaría ahora?

e) El perímetro de un triángulo rectángulo cuya hipotenusa mide x cm, un cateto, los 3/5 de la hipotenusa, y el otro cateto, 5 cm menos que esta.

f) Los lados iguales de un triángulo isósceles de 24 cm de perímetro, si el desigual mide x cm.

32. Expresa algebraicamente y simplifica cada expresión obtenida:

a) El área de una lámina rectangular de bronce cuya base mide 5/3 de su altura.

b) El cuadrado de la hipotenusa de un triángulo rectángulo cuyos catetos miden $16 - x$ y $9 - x$.

c) El área de un cuadrado de lado $x + 3$.

d) La diferencia de áreas de dos cuadrados de lados x y $x + 3$, respectivamente.

e) La superficie de un jardín rectangular de base x metros y perímetro 70 m.

f) El cuadrado de la hipotenusa de un triángulo rectángulo isósceles si un cateto mide x cm, y el perímetro, 24 cm.

g) El área de un rombo sabiendo que la longitud de una diagonal, x, es el triple de la otra.

33. Expresa algebraicamente cada enunciado:

a) El cuadrado de la diferencia de dos números.

b) La suma de los cuadrados de dos números.

c) La diagonal de un rectángulo de dimensiones x e y.

d) El coste de la mezcla de dos tipos de café, cuyos precios son 8 €/kg y 10 €/kg.

e) El dinero que tengo si llevo monedas de 2 € y de 50 céntimos.

Resuelve problemas

34. Expresa algebraicamente el área de esta corona circular:

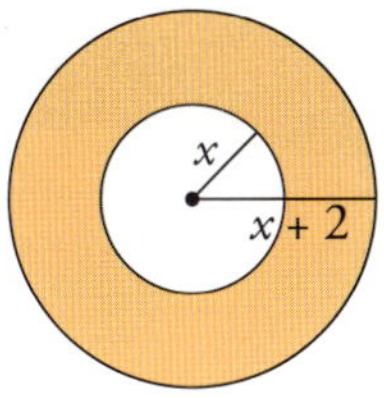

35. Expresa algebraicamente el perímetro y el área de este trapecio rectángulo:

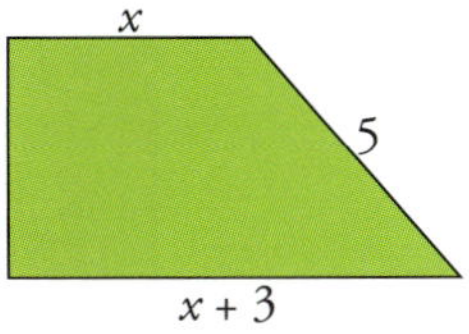

36. Observa la figura y expresa algebraicamente:

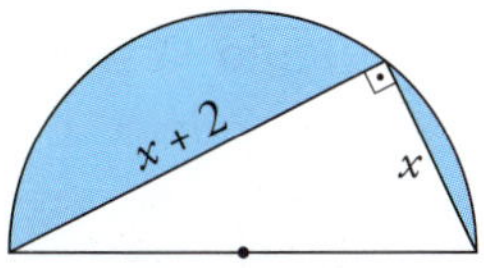

a) El área del triángulo.

b) El radio de la semicircunferencia.

c) El área de la zona coloreada.

37. Dos números suman 40. Expresa algebraicamente la suma del menor más la raíz cuadrada del mayor.

38. El cateto de un triángulo rectángulo isósceles es $\frac{y-1}{5}$. Expresa algebraicamente la longitud de la hipotenusa y simplifica.

39. Un grupo de x estudiantes alquilan un piso por 700 € al mes. Se apuntan 2 más para alquilarlo. Expresa algebraicamente la diferencia de precio en ambos casos (con el grupo inicial y con 2 más).

40. Un grupo de x amigos queda para comprar un regalo por 75,60 €. Tres de ellos se presentan sin dinero. Expresa algebraicamente el sobrecoste que eso supone para los demás.

41. En una parcela de lados x e y se construye una casa en la zona que se indica en el dibujo.

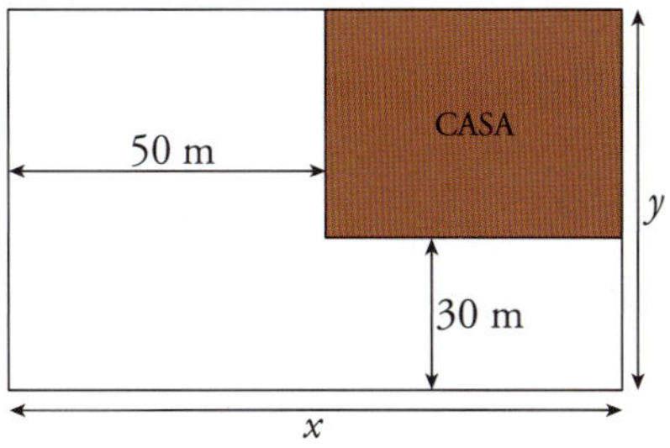

Expresa, en función de x e y, el área de la zona no edificada.

42. Completa las tablas en tu cuaderno y expresa algebraicamente, con una igualdad, cada enunciado:

a) Dentro de dos años, mi padre tendrá el doble de mi edad.

	YO	MI PADRE
HOY	x	y
DENTRO DE 2 AÑOS		

b) Si te doy 4 €, entonces tendrás 1 € más que yo.

	YO	TÚ
TENEMOS	x	y
TE DOY 4 €		

Curiosidades matemáticas

Reflexiona y exprésate utilizando el lenguaje algebraico

Piensa en tres dígitos de forma que, al menos, dos de ellos sean distintos.

Forma con ellos el mayor número posible............... x | y | z

Forma con ellos el menor número posible............... z | y | x

Réstalos............... x | y | z − z | y | x

Por ejemplo, 5, 8 y 3.

El número mayor 853

El número menor 358

La diferencia...... 853 − 358 = 495

- Comprueba que la diferencia es siempre múltiplo de 9 y de 11 y que sus cifras suman 18.
- Demuestra, utilizando el lenguaje algebraico, que las observaciones anteriores resultan ciertas para cualquier trío de cifras, x, y, z, siendo $x > z$.

AYUDA: Los números de tres cifras se codifican algebraicamente así:

x | y | z $= 100x + 10y + z$ z | y | x $= 100z + 10y + x$

6 Ecuaciones

Algunos hitos en la resolución de ecuaciones...

...El pionero

Diofanto (siglo III) propuso problemas algebraicos complejos y los resolvió por métodos originales y muy interesantes. Pero su aportación careció de método y tuvo poco valor pedagógico.

...La sistematización

Al-Jwarizmi (siglo IX) fue quien, por primera vez, realizó un tratamiento sistemático y completo de la resolución de ecuaciones de primer y segundo grado. Su libro *Al-jabr wa-l-muqabala,* elemental, didáctico y exhaustivo, fue muy conocido y estudiado y, posteriormente, traducido a todos los idiomas.

...Los italianos del siglo XVI

En el siglo XVI, varios algebristas italianos (**Tartaglia**, **Cardano, Ferrari, Fiore**...) mantuvieron unas interesantísimas, agitadas y fecundas discusiones sobre la resolución de distintos tipos de ecuaciones cúbicas (de tercer grado). Sus diatribas, en mucho casos, se dilucidaban en debates públicos a los que se retaban mediante pasquines. A pesar de que el tono de estos y de aquellas (pasquines y diatribas) distaba mucho de ser correcto, sirvieron para dar un gran impulso a la resolución de ecuaciones de grado superior.

Al-Jwarizmi se educó y trabajó en la Casa de la Sabiduría de Bagdag, un centro de investigación comparable con la Biblioteca de Alejandría.

Girolamo Cardano (1501-1576).
Su libro "Ars Magna" contiene la primera solución publicada para las ecuaciones de tercer grado, basada en las investigaciones de Tartaglia y Scipione del Ferro.

1 Identidades y ecuaciones

Una **ecuación** es una *propuesta de igualdad* que se cumple solo para algunos valores de la incógnita, y en algunos casos, para ninguno.

Ejemplos

- La igualdad $(x-3)\cdot(x+5)=0$ es cierta para $x=3$ y para $x=-5$. Pero no se cumple para ningún otro valor de x. Es una *ecuación* y 0 y –5 son sus *soluciones.*
- La igualdad $3x=3x+7$ no se cumple para ningún valor de x. Es una *ecuación sin solución.*
- Sin embargo, la igualdad $(x-3)\cdot(x+5)=x^2+2x-15$ es cierta para cualquier valor de x (compruébalo). No es una auténtica ecuación. Decimos que es una **identidad.**

Las **soluciones** de una ecuación son los valores que hacen cierta la igualdad.

Resolver una ecuación es hallar su solución (o soluciones) o llegar a la conclusión de que no tiene.

En esta unidad vamos a repasar los métodos de resolución de ecuaciones que ya conoces y a aprender algunos nuevos.

Empezaremos resolviendo algunas "a ojo", con lo que sabemos, que es el método más inmediato, pero tiene el inconveniente de que, acaso, una ecuación tenga varias soluciones y no seamos capaces de ver todas ellas.

También hay otras ecuaciones para las cuales no tenemos ningún procedimiento de resolución. Se puede intentar llegar a una solución *tanteando.*

Ejercicio resuelto

Encontrar, tanteando, alguna solución de cada una de las siguientes ecuaciones:

a) $x^3+5=69$

b) $x^x=3125$

c) $x^4=1000$

(Usa la calculadora)

a) Probamos para $x = 2, 3, 4, \dots$

$$\left.\begin{array}{l} x=2 \rightarrow 2^3+5=13 \text{ NO ES SOLUCIÓN.} \\ x=3 \rightarrow 3^3+5=32 \text{ NO ES SOLUCIÓN.} \\ x=4 \rightarrow 4^3+5=69 \text{ SÍ ES SOLUCIÓN.} \end{array}\right\} \text{Hemos obtenido la solución } x=4.$$

b) Probando con $x = 3, 4, 5$ se llega a que 5 es solución, pues $5^5 = 3125$.

c) $\left.\begin{array}{l} 5^4=625 \\ 6^4=1296 \end{array}\right\}$ Por tanto, la solución está entre 5 y 6. Probamos con 5,3; 5,4; 5,5; 5,6; 5,7; …

$\left.\begin{array}{l} 5{,}6^4=983{,}\dots \\ 5{,}7^4=1055{,}\dots \end{array}\right\}$ La solución es 5,6… Si quisiéramos afinar más, probaríamos con 5,61; 5,62; 5,63; …

Piensa y practica

1. Las siguientes ecuaciones tienen alguna solución entera. Hállala tanteando.

a) $5^x=25$ b) $(x-5)^2=4$

c) $3^x=81$ d) $3^{x-1}=81$

e) $\sqrt{x+3}=4$ f) $x^x=256$

2. Las siguientes ecuaciones no tienen solución entera.

Tanteando, obtén la solución de cada una de ellas aproximando hasta las décimas.

a) $x^5=400$ b) $x^4=5000$

c) $4^x=200$ d) $x^x=1000$

2 Resolución de ecuaciones de primer grado

Una **ecuación de primer grado** es aquella en la que solo aparecen expresiones algebraicas de grado uno. Después de simplificarla, llegaremos a una igualdad del tipo $ax + b = 0$.

Recordemos, con un ejemplo, los pasos que conviene dar para resolver una ecuación de primer grado que tenga una fisonomía complicada.

$$\frac{3(x+1)}{4} - 2 = 2x - \frac{5(x-1)}{3}$$

Quitar paréntesis, si los hay.	$\frac{3x+3}{4} - 2 = 2x - \frac{5x-5}{3}$
Quitar denominadores. Se multiplican los dos miembros por el mínimo común múltiplo de los denominadores.	mín.c.m. $(4, 3) = 12$ $\frac{12(3x+3)}{4} - 12 \cdot 2 = 12 \cdot 2x - \frac{12(5x-5)}{3}$ $3(3x+3) - 24 = 24x - 4(5x-5)$
Reducir cada miembro.	$9x + 9 - 24 = 24x - 20x + 20$ $9x - 15 = 4x + 20$
Transponer términos y reducir.	$9x - 4x = 20 + 15$ $5x = 35$
Despejar la incógnita y hallar la solución.	$x = \frac{35}{5} \rightarrow x = 7$
Comprobar si el valor obtenido satisface la igualdad. Sustituyendo en cada miembro, debe obtenerse el mismo resultado.	$\frac{3(7+1)}{4} - 2 = \frac{3 \cdot 8}{4} - 2 = 6 - 2 = 4$ $2 \cdot 7 - \frac{5(7-1)}{3} = 14 - \frac{5 \cdot 6}{3} = 14 - 10 = 4$

Ten en cuenta

Casos especiales en la ecuación

$ax + b = 0$

- Si $\boldsymbol{a = 0}$ y $\boldsymbol{b \neq 0}$

  $0x = b \rightarrow$ Sin solución.

- Si $\boldsymbol{a = 0}$ y $\boldsymbol{b = 0}$

  $0x = 0 \rightarrow$ Infinitas soluciones. Es una identidad.

Ejercicios resueltos

1. ***Resolver la siguiente ecuación:***

$\boldsymbol{5x - 4(2x + 3) = 5(x - 1) - 8x}$

$5x - 4(2x + 3) = 5(x - 1) - 8x$

$5x - 8x - 12 = 5x - 5 - 8x$

$-3x - 12 = -3x - 5$

$-3x + 3x = -5 + 12$

$0x = 7$

No tiene solución, ya que no hay ningún número que multiplicado por cero dé 7.

2. ***Resolver esta ecuación:***

$\boldsymbol{7 + 6(3x - 2) = 15x - (5 - 3x)}$

$7 + 6(3x - 2) = 15x - (5 - 3x)$

$7 + 18x - 12 = 15x - 5 + 3x$

$18x - 5 = 18x - 5$

$18x - 18x = -5 + 5$

$0x = 0$

Es una identidad.

La igualdad se cumple para cualquier valor de x. Tiene infinitas soluciones.

3. ***Resolver la ecuación siguiente:***

$$\frac{3-x}{2}-\frac{2(x-2)}{3}=4-\frac{7(2x-1)}{9}$$

$$\frac{3-x}{2}-\frac{2(x-2)}{3}=4-\frac{7(2x-1)}{9}$$
$$\frac{3-x}{2}-\frac{2x-4}{3}=4-\frac{14x-7}{9}$$

Eliminar paréntesis.

$$\frac{18(3-x)}{2}-\frac{18(2x-4)}{3}=18\cdot 4-\frac{18(14x-7)}{9}$$
$$9(3-x)-6(2x-4)=72-2(14x-7)$$

Eliminar denominadores. mín.c.m. (2, 3, 9) = 18

$$27-9x-12x+24=72-28x+14$$
$$51-21x=86-28x$$
$$-21x+28x=86-51$$
$$7x=35 \rightarrow x=\frac{35}{7} \rightarrow x=5$$

Reducir, transponer y despejar la incógnita.

Piensa y practica

Los ejercicios siguientes te servirán para adquirir agilidad en la resolución de ecuaciones. En la parte de abajo se da la solución; así podrás detectar y corregir los errores cometidos.

1. Resuelve las siguientes ecuaciones:

a) $3x+11+2x=5+x-6$

b) $5-7x+2-6x=10x-7-2x$

c) $6x-15+3x=x-8+8x+1$

d) $5x+4-13x-9-2x=0$

e) $0=4x-3-x+1-3x+2$

2. Quita paréntesis y resuelve.

a) $8+(5x-6)=3x-(x+4)$

b) $x-(1-4x)-(6x-5)+1=0$

c) $3x-1-(2x+1)=1-(x+2)-3$

d) $0=(1-x)+2(x+1)-3(1-x)$

e) $3(5x-7)+2(x-1)=5x-3$

f) $5x+3(1-x)=12+2(x-5)$

g) $4(2+3x)=10(x-1)+2(x+9)$

h) $2(x-3)-5x+7=11(1-x)-(1+3x)-x$

i) $10[2x-(x-1)]+3=8x-5(x+3)$

j) $2x+3=8-3[9-2(3x+5)]$

k) $3x-5[1-3(2x+4)]=3[1-4(x-1)]$

3. Quita denominadores y resuelve.

a) $2x-1=x-\frac{x}{5}$

b) $5x-\frac{x}{3}+2=\frac{2x}{3}$

c) $1-\frac{x}{5}=x+\frac{1}{10}$

d) $\frac{x}{2}+1=\frac{x}{5}-x$

e) $\frac{2x}{5}+\frac{x}{2}=x+\frac{3}{10}$

f) $\frac{x}{2}+\frac{1}{6}=\frac{x}{3}+\frac{1}{4}$

4. Resuelve.

a) $2x-\frac{x}{3}=\frac{3x+1}{5}-1$

b) $x-\frac{2x+3}{4}=\frac{x}{2}+\frac{1}{3}$

c) $\frac{2x-3}{2}-\frac{x+3}{4}=\frac{x-1}{2}$

d) $x+\frac{2x-3}{9}+\frac{x-1}{3}=\frac{14x-6}{9}$

e) $x+\frac{3(x-2)}{9}=\frac{5(x-1)}{4}+\frac{7}{12}$

f) $\frac{3(x+2)}{2}+\frac{x-1}{5}=\frac{2(x+1)}{5}+\frac{37}{10}$

g) $\frac{-x-1}{6}-\frac{3(x+5)}{12}=\frac{2(11-x)}{9}-6$

1. a) –3, b) 2/3, c) Sin solución, d) –1/2, e) Infinitas soluciones

2. a) –2, b) 5, c) –1, d) 0, e) 5/3, f) Sin solución, g) Infinitas soluciones, h) 3/4, i) –4, j) –1/2, k) –8/9

3. a) 5/6, b) –1/2, c) 3/4, d) –10/13, e) –3, f) 1/2

4. a) –3/4, b) Sin solución, c) 7, d) Infinitas soluciones, e) 0, f) 1, g) 11

En la web Repasa la resolución de ecuaciones de primer grado.

Problemas resueltos

1. ***El sueldo de una cajera del supermercado, aumentado en su tercera parte y 80 €, se iguala con el de su encargada que gana 1200 €. ¿Cuánto gana la cajera?***

- Elegimos la incógnita y codificamos los elementos que intervienen:

  Sueldo de la cajera → x

  Ese sueldo, más su tercera parte y más 80 € → $x + \frac{x}{3} + 80$

  Sueldo de la encargada → 1 200 €

- Planteamos la ecuación y la resolvemos:

$$x + \frac{x}{3} + 80 = 1200 \rightarrow x + \frac{x}{3} = 1120 \rightarrow 3x + x = 3 \cdot 1120 \rightarrow x = 840$$

Solución: La cajera gana 840 €.

2. ***Una porción de pizza cuesta 40 céntimos más que un bote de refresco. Por tres botes de refresco y cuatro porciones de pizza, hemos pagado 10 €. ¿Cuánto cuesta cada bote y cuánto cada porción?***

Coste de un bote de refresco → x

Coste de una porción de pizza → $x + 0{,}40$

La ecuación: *Tres botes y cuatro porciones cuestan 10 €.*

$$3x + 4(x + 0{,}40) = 10 \rightarrow x = 1{,}20$$

Solución: Un bote de refresco cuesta 1,20 €.

Una porción de pizza cuesta 1,20 + 0,40 = 1,60 €.

3. ***Entre mi hermano y yo tenemos ahorrados 248 €, y si yo le diera trece, ambos tendríamos lo mismo. ¿Cuánto tenemos cada uno?***

Organizamos los elementos del problema en una tabla:

	TENEMOS	SI LE DOY 13 €
YO	x	$x - 13$
MI HERMANO	$248 - x$	$248 - x + 13$

La ecuación:

$$x - 13 = 248 - x + 13 \rightarrow x = 137$$

Solución: Yo tengo 137 €, y mi hermano, 248 – 137 = 111 €.

Piensa y practica

5. Si al doble de un número le sumamos la cuarta parte de dicho número, el resultado es 189. ¿Cuál es el número?

6. Eloisa tiene 26 años menos que su madre. Entre las dos suman medio siglo. ¿Qué edad tiene cada una?

7. Un bote de tomate y un frasco de mostaza pesan 800 gramos. El bote pesa 150 gramos más que el frasco. ¿Cuánto pesa cada uno?

8. Tres hermanos se llevan, cada uno al siguiente, un año, y entre los tres suman 48 años. ¿Cuáles son sus edades?

9. La suma de tres números consecutivos es cuatro veces el menor de ellos. ¿Qué números son?

10. Entre mi amigo y yo llevamos en los bolsillos 8,20 €. Si yo le diera 80 céntimos, tendríamos los dos lo mismo. ¿Cuánto llevamos cada uno?

11. En un concurso de televisión, dotado con un premio total de 1 000 €, el concursante A se llevó el doble que el concursante B pero 100 € menos que el concursante C. ¿Cuánto se llevó cada uno?

12. Doña Laura lleva una vida muy regular, y duerme todos los días una hora menos de la mitad del tiempo que está despierta. ¿Cuánto tiempo duerme?

13. Por tres cafés y dos cruasanes hemos pagado 7,70 €. ¿Cuál es el precio de un cruasán, sabiendo que cuesta 60 céntimos menos que un café?

Problemas resueltos

4. ***Un bodeguero tiene dos tipos de vino, uno de calidad superior, a 5 €/l, y otro de calidad inferior, a 3,60 €/l. ¿Cuántos litros del primero debe añadir a un barril que contiene 100 litros del segundo, para que la mezcla resulte a 4 €/l?***

Organizamos los elementos:

	CANTIDAD (*l*)	PRECIO (€/*l*)	VALOR (€)
VINO INFERIOR	100	3,60	$100 \cdot 3{,}60$
VINO SUPERIOR	x	5	$5x$
MEZCLA	$100 + x$	4	$4 \cdot (100 + x)$

La ecuación: *La suma del valor de los componentes es igual al valor de la mezcla.*

$$360 + 5x = 4 \cdot (100 + x) \to x = 40$$

Solución: Se han de añadir 40 litros del vino de calidad superior.

5. ***Una camisa y una falda costaban lo mismo antes de las rebajas. Ahora he comprado ambas prendas por 99 €, con una rebaja del 20 % en la camisa y del 15 % en la falda. ¿Cuánto costaba cada prenda antes de la rebaja?***

Coste original de la camisa = coste original de la falda = x

Coste de la camisa rebajada un 20 %: $x - 0{,}20x \to 0{,}80x$

Coste de la falda rebajada un 15 %: $x - 0{,}15x \to 0{,}85x$

Precio pagado por ambas prendas rebajadas: 99 €

La ecuación:

$$0{,}80x + 0{,}85x = 99 \to 1{,}65x = 99 \to x = 60$$

Solución: Cada una de las prendas costaba 60 € antes de las rebajas.

6. ***Una finca rectangular es 22 metros más larga que ancha. El dueño la amplía en 5 m a lo ancho, comprándole terreno al propietario del campo colindante. Así, la valla que la rodea aumenta su longitud en un 5 %. ¿Cuáles eran las dimensiones originales de la finca?***

Perímetro original $\to 2[x + (x + 22)]$

5 % del perímetro (1/20) $\to \dfrac{2[x + (x + 22)]}{20}$

Aumento del perímetro $\to$ 5 m + 5 m = 10 m

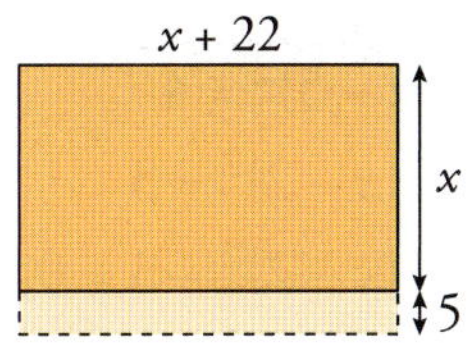

La ecuación: *El perímetro aumenta en un 5 %.*

$$\frac{2[x + (x + 22)]}{20} = 10 \to 4x + 44 = 200 \to x = 39$$

Solución: Las dimensiones originales de la finca eran 39 m de ancho y 39 + 22 = 61 m de largo.

Piensa y practica

14. Moliendo juntas dos clases de café, la primera de 7,50 €/kg y la segunda de 5,70 €/kg, se han obtenido 90 kg de mezcla que sale a 6,50 €/kg. ¿Cuánto café de cada clase se ha utilizado en la mezcla?

15. Los ahorros de Adela quintuplican a los de su hermana Beatriz, pero si Adela hiciera a Beatriz una transferencia de 800 €, solo serían el triple. ¿Cuánto tiene cada una?

16. Aumentando un número en un 20 % y restándole dos unidades, se obtiene el mismo resultado que sumándole su séptima parte. ¿Qué número es?

17. Hace dos años compré una bicicleta y un equipo de música por 260 €. Los acabo de vender por un total de 162 €, habiendo perdido el 30 % con la bicicleta y el 40 % con el equipo de música.

¿Cuánto me costó cada objeto?

18. Una finca rectangular es 40 metros más larga que ancha. Al urbanizar la zona, se le recortan 8 m a lo largo y 5 m a lo ancho. Así, su perímetro se reduce en una décima parte.

¿Cuáles eran las dimensiones primitivas de la finca?

3 Ecuaciones de segundo grado

Las ecuaciones de segundo grado son de la forma:

$$ax^2 + bx + c = 0, \text{ con } a \neq 0$$

Ecuaciones completas

Cuando $b \neq 0$ y $c \neq 0$, se dice que la ecuación es completa y se resuelve aplicando la siguiente fórmula:

$$x = \frac{-b \pm \sqrt{b^2 - 4ac}}{2a} \rightarrow \begin{cases} \text{Si } b^2 - 4ac > 0, & \text{hay dos soluciones.} \\ \text{Si } b^2 - 4ac = 0, & \text{hay una solución.} \\ \text{Si } b^2 - 4ac < 0, & \text{no hay ninguna solución.} \end{cases}$$

Cálculo mental

Resuelve sin utilizar la fórmula y, si es posible, a ojo:

a) $x^2 = 9$

b) $x^2 - 9 = 0$

c) $5x^2 - 20 = 0$

d) $3x^2 - 300 = 0$

e) $(x - 5)^2 = 25$

f) $(x - 5)^2 = 4$

g) $3(x - 2)^2 = 3$

h) $3(x - 2)^2 - 3 = 0$

i) $7(x - 4)^2 = 63$

j) $7(x - 4)^2 - 63 = 0$

Ejercicio resuelto

Resolver las ecuaciones siguientes:

a) $\boldsymbol{5x^2 + 3x - 2 = 0} \rightarrow a = 5;\ b = 3;\ c = -2$

$$x = \frac{-3 \pm \sqrt{3^2 - 4 \cdot 5 \cdot (-2)}}{2 \cdot 5} = \frac{-3 \pm \sqrt{9 + 40}}{10} = \frac{-3 \pm 7}{10} \begin{cases} x_1 = \frac{2}{5} \\ x_2 = -1 \end{cases} \text{Dos soluciones.}$$

b) $\boldsymbol{9x^2 + 6x + 1 = 0} \rightarrow a = 9;\ b = 6;\ c = 1$

$$x = \frac{-6 \pm \sqrt{6^2 - 4 \cdot 9 \cdot 1}}{2 \cdot 9} = \frac{-6 \pm \sqrt{36 - 36}}{18} = \frac{-6 \pm 0}{18} = \frac{-1}{3}. \text{ Solución única.}$$

c) $\boldsymbol{x^2 - 3x + 5 = 0} \rightarrow a = 1;\ b = -3,\ c = 5$

$$x = \frac{-(-3) \pm \sqrt{(-3)^2 - 4 \cdot 1 \cdot 5}}{2 \cdot 1} = \frac{3 \pm \sqrt{9 - 20}}{2} = \frac{3 \pm \sqrt{-11}}{2}. \text{ Sin solución.}$$

Ecuaciones incompletas

Las ecuaciones del tipo $ax^2 + bx + c = 0$, cuando b o c son nulos, se pueden resolver por métodos sencillos sin necesidad de la fórmula anterior.

- **Si $b = 0$,** despejamos directamente x^2. Por ejemplo:

  $3x^2 - 48 = 0 \rightarrow 3x^2 = 48 \rightarrow x^2 = 16 \rightarrow x = \pm\sqrt{16} \rightarrow x = \pm 4$

- **Si $c = 0$,** factorizamos sacando factor común. Por ejemplo:

  $$2x^2 - x = 0 \rightarrow x(2x - 1) = 0 \begin{cases} x_1 = 0 \\ 2x - 1 = 0 \rightarrow x_2 = \frac{1}{2} \end{cases}$$

En la web

Amplía tus conocimientos aprendiendo a resolver ecuaciones bicuadradas.

Piensa y practica

1. Resuelve las siguientes ecuaciones:

a) $x^2 - 7x + 6 = 0$

b) $x^2 - 20x + 100 = 0$

c) $3x^2 + 5x + 11 = 0$

d) $6x^2 + 5x + 1 = 0$

e) $10x^2 - 3x - 1 = 0$

f) $2x^2 - 8x + 8 = 0$

2. Resuelve estas ecuaciones:

a) $2x^2 - 50 = 0$

b) $x^2 - 1 = 0$

c) $3x^2 + 5 = 0$

d) $2x^2 + 10x = 0$

e) $4x^2 - 3 = 0$

f) $7x^2 - 5x = 0$

Recuerda

$(x - a)^2 = x^2 - 2ax + a^2$

$(x + a)^2 = x^2 + 2ax + a^2$

$(x + a)(x - a) = x^2 - a^2$

En la web

Actividades para reforzar la resolución de ecuaciones de segundo grado complicadas.

Ecuaciones de segundo grado más complejas

Cuando una ecuación de segundo grado tiene una fisonomía más compleja, debemos "arreglarla" antes de aplicar lo que hemos visto en la página anterior.

Los pasos que se han de seguir son:

- Quitar denominadores, si los hay.
- Quitar paréntesis, si los hay.
- Reducir a la forma $ax^2 + bx + c = 0$.
- Resolver con la fórmula o con el resto de recursos que conoces.

Ejercicios resueltos

1. $(x + 5)^2 - 2(x + 1)(x - 3) = 3x + 59$

Desarrollamos el cuadrado, operamos y quitamos paréntesis:

$(x^2 + 10x + 25) - 2(x^2 - 3x + x - 3) = 3x + 59$

$x^2 + 10x + 25 - 2x^2 + 4x + 6 = 3x + 59 \rightarrow x^2 - 11x + 28 = 0$

$a = 1; \; b = -11; \; c = 28$

$$x = \frac{-(-11) \pm \sqrt{(-11)^2 - 4 \cdot 1 \cdot 28}}{2 \cdot 1} = \frac{11 \pm \sqrt{9}}{2} = \frac{11 \pm 3}{2} \quad x_1 = 7, \; x_2 = 4$$

2. $\dfrac{(x - 1)^2}{2} - \dfrac{(x + 2)(x - 2)}{4} = \dfrac{3}{4}$

Quitamos los denominadores multiplicando por 4:

$2(x - 1)^2 - (x + 2)(x - 2) = 3$

Efectuamos los productos indicados y después quitamos los paréntesis:

$2(x^2 - 2x + 1) - (x^2 - 4) = 3$

$2x^2 - 4x + 2 - x^2 + 4 = 3 \rightarrow x^2 - 4x + 3 = 0$

$a = 1; \; b = -4; \; c = 3$

$$x = \frac{-(-4) \pm \sqrt{(-4)^2 - 4 \cdot 1 \cdot 3}}{2 \cdot 1} = \frac{4 \pm \sqrt{4}}{2} = \frac{4 \pm 2}{2} \quad x_1 = 3, \; x_2 = 1$$

En la web Resolución de ecuaciones de segundo grado.

Piensa y practica

3. Elimina los paréntesis, si los hay, y resuelve.

a) $2x^2 - 7 = 3x - x^2 - 1$

b) $3(x - 1) + 5x^2 = x(x + 3) + 1$

c) $3x(2 - x) - 2 = 4x(x - 1) + x^2$

d) $16 - 5x(2x - 3) = x - 2x(3x - 1)$

4. Opera y resuelve.

a) $x^2 + 2x = (x + 2)(1 - x)$

b) $(x + 2)(x - 1) + 2 = x(2 - x)$

c) $3x - (x - 2)(x + 2) = 2(x^2 - 1)$

d) $x(x - 5) + x^2 = (3x - 1)(x - 1)$

e) $(3x - 2)(5x + 1) = 4(x - 1)$

f) $15 - (x + 2)^2 = (x - 3)^2 + 2x$

5. Elimina los denominadores y resuelve.

a) $x(2x + 1) - \dfrac{(x - 1)^2}{2} = 3$

b) $\dfrac{x(x + 3)}{2} - \dfrac{(x + 1)^2}{3} + \dfrac{1}{3} = 0$

c) $\dfrac{7 - x^2}{8} - \dfrac{1}{2} = \dfrac{2x^2 + 1}{4}$

d) $1 - \dfrac{x}{6} = \dfrac{(x - 2)x}{2} + \dfrac{2}{3}$

e) $\dfrac{2(x + 3)(x - 3)}{5} + \dfrac{x}{2} = \dfrac{x(x - 2)}{2}$

f) $\dfrac{(x + 2)^2}{7} - x = \dfrac{x(x - 4)}{2} + 1$

g) $\dfrac{(2x - 3)^2}{9} + \dfrac{x}{2} = \dfrac{(x - 1)^2 + 5}{6}$

Problemas resueltos

1. ***Multiplicando la edad de Laura por la que tenía el año pasado, obtenemos 240. ¿Cuántos años tiene Laura?***

Elegimos la incógnita y nombramos los elementos del problema:

— La edad de Laura: x

— La edad que tenía el año pasado: $x - 1$

La ecuación: $x(x-1) = 240 \rightarrow x^2 - x - 240 = 0$

$$x = \frac{1 \pm \sqrt{1^2 - 4 \cdot 1 \cdot (-240)}}{2 \cdot 1} = \frac{1 \pm \sqrt{961}}{2} = \frac{1 \pm 31}{2} \quad \begin{cases} x_1 = 16 \\ x_2 = -15 \end{cases}$$

Solución: Laura tiene 16 años.

(Desechamos la solución negativa por ser incompatible con el enunciado del problema).

2. ***Una escalera está apoyada en la pared, alcanzando una altura igual a 2,4 veces la separación entre su apoyo inferior y la pared, y 20 cm menor que la propia longitud de la escalera. ¿Cuánto mide la escalera?***

Elegimos la incógnita, colocamos los datos en un gráfico y construimos la ecuación apoyándonos en el teorema de Pitágoras.

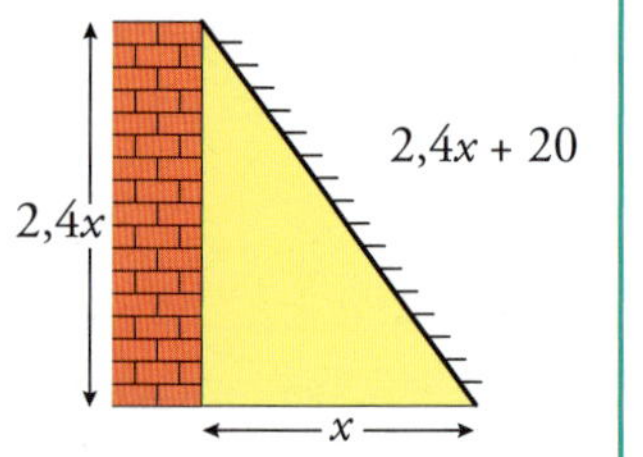

$$x^2 + (2{,}4x)^2 = (2{,}4x + 20)^2$$

$$x^2 - 96x - 400 = 0$$

$$x = \frac{96 \pm \sqrt{96^2 - 4 \cdot 1 \cdot (-400)}}{2 \cdot 1} = \frac{96 \pm \sqrt{10\,816}}{2} = \frac{96 \pm 104}{2} \quad \begin{cases} x_1 = 100 \\ x_2 = -4 \end{cases}$$

Solución: La escalera mide $2{,}4 \cdot 100 + 20 = 260$ cm = 2,60 metros.

3. ***Una finca rectangular con una superficie de 28 hm^2 está rodeada por una valla de 22 hm de longitud. ¿Cuáles son las dimensiones de la finca?***

Si el perímetro mide 22 hm, la suma de los lados desiguales es 11 hm. Llamamos x a un lado y $11 - x$ al otro.

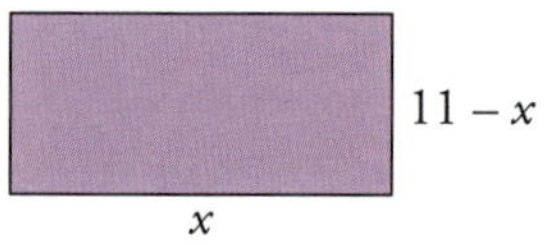

El área del rectángulo es igual al producto de la longitud de esos dos lados.

$$x(11 - x) = 28 \rightarrow x^2 - 11x + 28 = 0$$

$$x = \frac{11 \pm \sqrt{11^2 - 4 \cdot 1 \cdot 28}}{2 \cdot 1} = \frac{11 \pm \sqrt{9}}{2} = \frac{11 \pm 3}{2} \quad \begin{cases} x_1 = 7 \\ x_2 = 4 \end{cases}$$

Solución: Si $x = 7$, entonces $11 - x = 4$. Los lados miden 7 hm y 4 hm.

Si $x = 4$, entonces $11 - x = 7$. Se llega a la misma solución.

Piensa y practica

6. El producto de dos números naturales consecutivos es 90. ¿Qué números son?

7. Si multiplico mi edad por la que tenía el año pasado, obtengo el mismo resultado que si multiplico la que tenía hace cuatro años por la que tendré dentro de cuatro. ¿Cuántos años tengo?

8. El producto de dos números es 10, y su suma, 6,5. ¿Qué números son?

9. La superficie de un rectángulo es 150 cm^2, y su perímetro, 50 cm. ¿Cuáles son sus dimensiones?

10. Los tres lados de un triángulo miden 15 cm, 22 cm y 23 cm. Si a los tres les restamos la misma longitud, el triángulo resultante es rectángulo. ¿Qué longitud es esa?

11. Si el lado de un cuadrado aumenta 2 cm, su superficie aumenta 28 cm^2. ¿Cuánto mide el lado?

Problemas resueltos

4. ***El área total de un cilindro de 15 cm de altura es $500 \cdot \pi$ cm². Hallar el radio de su base.***

Recuerda:

En un cilindro de radio r y altura h:

$A_{BASE} = \pi r^2$

$A_{LATERAL} = 2\pi r \cdot h$

$A_{TOTAL} = 2A_{BASE} + A_{LATERAL}$

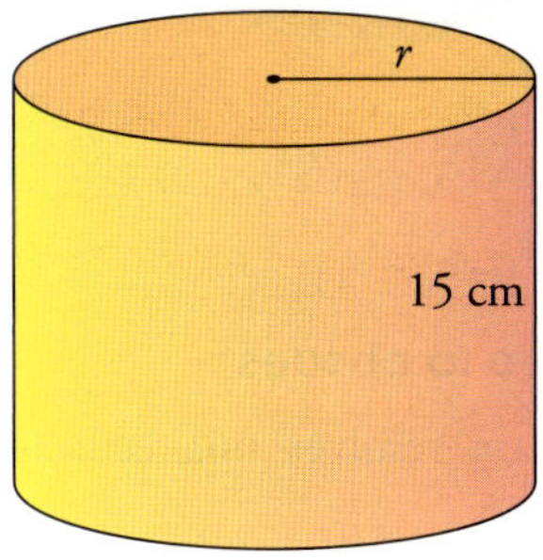

Atendiendo a los datos y a la fórmula del área total de un cilindro:

$A_{TOTAL} = 500 \cdot \pi$

$A_{TOTAL} = 2 \cdot \pi r^2 + 2\pi r \cdot 15 = 2\pi r^2 + 30\pi r$

Igualando las expresiones anteriores, construimos la ecuación:

$2\pi r^2 + 30\pi r = 500\pi$

Simplificamos, dividiendo ambos miembros por 2π, y resolvemos:

$$r^2 + 15r - 250 = 0 \rightarrow r = \frac{-15 \pm \sqrt{15^2 + 4 \cdot 250}}{2} = \frac{-15 \pm 35}{2} \begin{cases} r_1 = -25 \\ r_2 = 10 \end{cases}$$

La única solución válida es 10. Es decir, el radio es de 10 cm.

5. ***Para construir un depósito cilíndrico de agua, de 15 m de altura, se han utilizado 1 500 m² de plancha metálica. ¿Cuál es el radio del depósito?***

Este problema es idéntico al anterior, pero el área no está dada para que se pueda simplificar. Para resolverlo, tendremos que manejar números aproximados.

$$2\pi r^2 + 2\pi r \cdot 15 = 1\,500 \rightarrow 2\pi r^2 + 30\pi r - 1\,500 = 0$$

$$r = \frac{-30\pi \pm \sqrt{(30\pi)^2 + 4 \cdot 2\pi \cdot 1\,500}}{4\pi} = 9{,}68 \text{ m (solo tomamos la solución positiva)}$$

Con calculadora:

[√] [(] [(] 30 [×] π [)] [x²] [+] 4 [×] 2 [×] π [×] 1 500 [)] [−] 30 [×] π [=] [÷] [(] 4 [×] π [)] [=]

6. ***Un inversor deposita en el banco 10 000 € a un cierto porcentaje. Al cabo de un año, añade 20 000 € y mantiene todo el capital al mismo porcentaje. Al finalizar el segundo año le devuelven 32 025 €. ¿A qué porcentaje impuso su capital?***

Llamamos x al índice de crecimiento anual. (Es decir, si el tanto por ciento es r, entonces x es $1 + r/100$).

	COMIENZO		FINAL
1.er AÑO	10 000	$\xrightarrow{\cdot x}$	$10\,000x$
2.º AÑO	$10\,000 \cdot x + 20\,000$	$\xrightarrow{\cdot x}$	$(10\,000 \cdot x + 20\,000) \cdot x$

Por tanto: $(10\,000x + 20\,000)x = 32\,025$

$10\,000x^2 + 20\,000x - 32\,025 = 0$

Se resuelve la ecuación y se obtiene como única raíz positiva 1,05.

Si el índice de crecimiento anual es 1,05, entonces el porcentaje de aumento anual es del 5 %.

Piensa y practica

12. El área total de un cilindro de 22 m de altura es $1\,110\pi$ m². Halla su radio.

13. Un depósito cilíndrico de combustible, de 22 m de altura, tiene una superficie total de 2 380 m². ¿Cuánto mide su radio?

14. Un inversor deposita 20 000 € a un cierto porcentaje. Al cabo de un año, añade 10 000 € y mantiene todo el capital al mismo porcentaje. Al finalizar el segundo año le devuelven 35 200 €.

¿A qué porcentaje impuso su capital inicial?

4 Otros tipos de ecuaciones

Hay ecuaciones que, aunque no sean ni de primer ni de segundo grado, podrás resolver aplicando lo que ya sabes. Veamos algunos ejemplos.

No lo olvides

Para resolver una ecuación de este tipo:

$$[\dots] \cdot [\dots] \cdot [\dots] = 0$$

es decir, "producto de varios factores igualado a cero", igualamos a cero cada uno de los factores y resolvemos las correspondientes ecuaciones.

Ecuaciones factorizadas

Ejemplo: Queremos resolver la ecuación $x(x-1)(x^2-5x+6)=0$.

En el primer miembro aparece el producto de tres factores. Para que un producto sea cero, es necesario que uno de los factores sea cero.

Por tanto, igualamos a cero cada uno de los factores:

$$x(x-1)(x^2-5x+6)=0 \begin{cases} x_1 = 0 \\ x-1=0 \rightarrow x_2 = 1 \\ x^2-5x+6=0 \begin{cases} x_3 = 2 \\ x_4 = 3 \end{cases} \end{cases}$$

La ecuación tiene cuatro soluciones: $x_1 = 0$, $x_2 = 1$, $x_3 = 2$ y $x_4 = 3$.

No lo olvides

Si en una ecuación aparecen denominadores algebraicos, se suprimen multiplicando los dos miembros por ellos.

Las soluciones obtenidas hay que comprobarlas en la ecuación inicial.

Ecuaciones con x en el denominador

Ejemplo: Vamos a resolver la ecuación $\dfrac{8}{x} - 3 = \dfrac{5}{x+3}$.

- Para suprimir los denominadores, multiplicamos todo por $x \cdot (x+3)$:

$$8 \cdot (x+3) - 3 \cdot x \cdot (x+3) = 5x \rightarrow -3x^2 - 6x + 24 = 0 \rightarrow$$

$$\rightarrow x^2 + 2x - 8 = 0 \rightarrow x = \frac{-2 \pm \sqrt{4+32}}{2} = \frac{-2 \pm 6}{2} \begin{cases} x_1 = 2 \\ x_2 = -4 \end{cases}$$

- En este tipo de ecuaciones (con x en el denominador), al multiplicar por factores que llevan la incógnita, se pueden introducir soluciones falsas. Por eso **es necesario comprobar** las soluciones obtenidas sustituyéndolas en la ecuación inicial. En el caso que nos ocupa, ambas soluciones son válidas:

$$\frac{8}{2} - 3 = \frac{5}{2+3} \qquad \frac{8}{-4} - 3 = \frac{5}{-4+3}$$

Por tanto, la ecuación inicial tiene dos soluciones: $x_1 = 2$ y $x_2 = -4$.

Piensa y practica

1. Resuelve las siguientes ecuaciones:

a) $(x-4)(x-6)=0$

b) $(x+2)(x-3)=0$

c) $(x+1)(3x-5)=0$

d) $(3x+1)(2x-3)=0$

e) $x(x^2-64)=0$

f) $3x(x^2+x-2)=0$

g) $(x+1)(x^2-4)=0$

h) $(2x+1)(x^2+5x-24)=0$

i) $(x+3)\left(\dfrac{1}{x}-4\right)=0$

j) $(x-4)\left(\dfrac{4}{3x-1}-2\right)=0$

2. Elimina los denominadores y resuelve.

a) $\dfrac{12}{x}+1=x+2$

b) $\dfrac{7}{x}-2=x+\dfrac{4}{x}$

c) $\dfrac{5}{x^2+1}+1=\dfrac{10}{x^2+1}$

d) $\dfrac{2}{3x-1}+x=\dfrac{x+3}{3x-1}$

e) $\dfrac{5}{x-3}-1=x$

f) $\dfrac{8}{x}-3=\dfrac{5}{x+3}$

g) $\dfrac{15}{x-1}=\dfrac{12}{x}+1$

h) $\dfrac{7}{x+2}+2=\dfrac{9}{x-2}$

No lo olvides

Para resolver una ecuación en la que aparece un radical:

- Se aísla el radical en uno de los miembros.
- Se elevan al cuadrado los dos miembros, con lo que desaparece el radical.
- Se resuelve la ecuación resultante.
- Se comprueba la validez de cada solución sobre la ecuación inicial.

Ecuaciones con radicales

Ejemplo: Resolvamos la ecuación $\sqrt{x^2+5}+1=2x$.

- Aislamos el radical en un miembro, pasando al otro lo demás:

  $\sqrt{x^2+5}=2x-1$

- Elevamos al cuadrado los dos miembros:

  $(\sqrt{x^2+5})^2=(2x-1)^2 \rightarrow x^2+5=4x^2-4x+1$

- Reducimos la ecuación a la forma general y la resolvemos:

  $$3x^2-4x-4=0 \rightarrow x=\frac{4\pm\sqrt{16+48}}{6}=\frac{4\pm 8}{6} \begin{cases} x_1=2 \\ x_2=-2/3 \end{cases}$$

- También aquí será necesario comprobar las soluciones, ya que, al elevar al cuadrado, pueden aparecen soluciones que no lo son de la ecuación original.

  Comprueba que $\sqrt{2^2+5}+1=2\cdot 2$ y que $\sqrt{\left(\frac{-2}{3}\right)^2+5}+1\neq 2\left(\frac{-2}{3}\right)$.

En este caso, $x=2$ es solución, pero $x=-2/3$ no lo es.

Problemas resueltos

1. ***Con motivo de la jubilación de un empleado, varios compañeros deciden regalarle, como recuerdo, un reloj que cuesta 240 €. Al conocer la idea, se apuntan otros cuatro más y, así, tocan todos a 10 € menos. ¿Cuántos participan finalmente en la compra del regalo?***

Finalmente participan x empleados, y cada uno deberá poner $\frac{240}{x}$ euros.

Originalmente eran $x-4$, y a cada uno le tocaba pagar $\frac{240}{x-4}$ euros.

La diferencia entre ambas cantidades es de 10 €:

$$\frac{240}{x-4}-\frac{240}{x}=10 \rightarrow 240x-240(x-4)=10x(x-4) \rightarrow$$

$$\rightarrow 10x^2-40x-960=0 \rightarrow x^2-4x-96=0 \begin{cases} x_1=12 \\ x_2=-28 \end{cases}$$

Solución: Finalmente participan 12 compañeros en la compra de regalo.

2. ***Para salvar un desnivel de un metro, se ha construido una rampa que es 10 cm más larga que su proyección horizontal. ¿Cuál es la longitud de la rampa?***

La longitud de la rampa, x, se diferencia en 0,1 m de su proyección horizontal.

Es decir, $x-\sqrt{x^2-1}=0,1$.

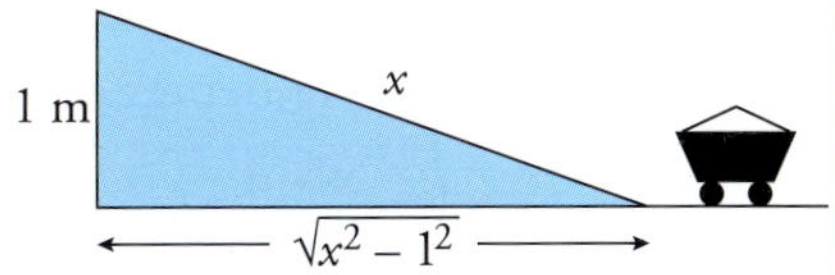

$$x-0,1=\sqrt{x^2+1} \rightarrow (x-0,1)^2=x^2-1 \rightarrow x^2-0,2x+0,01=x^2-1 \rightarrow$$

$$\rightarrow -0,2x=-1,01 \rightarrow x=5,005 \text{ m}$$

Solución: La rampa mide 5 m y 5 mm.

En la web: Resolución de ecuaciones con radicales.

Piensa y practica

3. Resuelve.

a) $\sqrt{x}-3=0$

b) $\sqrt{x}+2=x$

c) $\sqrt{4x+5}=x+2$

d) $\sqrt{x+1}-3=x-8$

e) $3\sqrt{x-1}=2x-11$

f) $x=\sqrt{2x^2-1}$

g) $\sqrt{2x^2-2}=1-x$

h) $\sqrt{3x^2+4}=\sqrt{5x+6}$

4. Un comerciante de un mercadillo ha obtenido 240 € por la venta de cierta cantidad de camisas. Habría obtenido lo mismo vendiendo 6 unidades menos, pero dos euros más caras. ¿Cuántas camisas ha vendido?

5. Piensa en un triángulo rectángulo y escribe el enunciado de un problema que se resuelva con la ecuación $\sqrt{x^2+8^2}=x+2$. Da la solución.

Ejercicios y problemas

Practica

Ecuaciones: soluciones por tanteo

1. Busca por tanteo una solución exacta de cada una de las siguientes ecuaciones:

a) $2^{x+3} = 32$ b) $\sqrt{2x+1} = 9$

c) $x^{x+1} = 8$ d) $(x-1)^3 = 27$

2. Las siguientes ecuaciones tienen más de una solución entera. Búscalas tanteando.

a) $(x+1)^2 = 4$ b) $(x+1)(x-3) = 0$

c) $x^2 = 2x$ d) $3(x-2)^2 = 3$

3. Busca por tanteo, con la calculadora, una solución aproximada hasta las décimas.

a) $x^3 + x^2 = 20$ b) $x^x = 35$

c) $3^x = 1\,000$ d) $x^3 = 30$

Ecuaciones de primer grado

4. Quita paréntesis y resuelve.

a) $5(x-1) - 6x + 2 = 3(1-x) - (1-3x)$

b) $7[x - 2(x+1)] - 4 = 3x - 4(x+3)$

c) $x + 5 = 3x - 2[1 - 3(2x-1)]$

d) $2x - 3[8 - 4(x-1)] = 2[14 - 3(x-1)]$

5. Resuelve las siguientes ecuaciones:

a) $\frac{1-2x}{9} = 1 - \frac{x+4}{6}$

b) $\frac{3x+2}{5} - \frac{4x-1}{10} + \frac{5x-2}{8} = \frac{x+1}{4}$

c) $\frac{x-3}{2} - \frac{5x+1}{3} = \frac{1-9x}{6}$

d) $\frac{2x-5}{4} - \frac{x-1}{5} = 1 - \frac{2x+1}{20}$

6. Resuelve las siguientes ecuaciones:

a) $\frac{3-x}{2} - \frac{2(x-2)}{3} = 4 - \frac{7(2x-1)}{9}$

b) $\frac{1+12x}{4} + \frac{x-4}{2} = \frac{3(x+1)-(1-x)}{8}$

c) $\frac{3x-2}{6} - \frac{4x+1}{10} = \frac{-2}{15} - \frac{2(x-3)}{4}$

d) $\frac{2x-3}{6} - \frac{3(x-1)}{4} - \frac{2(3-x)}{6} + \frac{5}{8} = 0$

7. Las siguientes ecuaciones son de primer grado. Compruébalo y resuélvelas:

a) $(x+1)^2 + (x-2)^2 = (x+2)^2 + (x-1)^2$

b) $4(x-3)(x+3) - (2x+1)^2 = 3$

c) $\frac{x+3}{5} + \frac{(x-1)^2}{4} = \frac{x^2+1}{4}$

d) $\frac{(x-3)^2}{4} - \frac{(2x-1)^2}{16} = \frac{35}{16}$

Ecuaciones de segundo grado

8. Resuelve las siguientes ecuaciones:

a) $x^2 - 2x - 3 = 0$ b) $2x^2 - 7x - 4 = 0$

c) $2x^2 - 5x - 3 = 0$ d) $x^2 + x + 2 = 0$

9. Resuelve.

a) $4x^2 - 64 = 0$ b) $3x^2 - 9x = 0$

c) $2x^2 + 5x = 0$ d) $2x^2 - 8 = 0$

10. Resuelve estas ecuaciones de segundo grado:

a) $-2x^2 - x + 3 = 0$ b) $25 - 100x^2 = 0$

c) $\frac{5}{2}x^2 + 3x = 0$ d) $-x^2 + 3x + 10 = 0$

11. Resuelve.

a) $(x-3)(x+3) + (x-4)(x+4) = 25$

b) $(x+1)(x-3) + (x-2)(x-3) = x^2 - 3x - 1$

c) $x(x-3) + (x+4)(x-4) = 2 - 3x$

d) $3x(x+4) - x(x-1) = 13x + 8$

12. Las siguientes ecuaciones son de segundo grado e incompletas. Resuélvelas sin aplicar la fórmula general.

a) $(3x+1)(3x-1) + \frac{(x-2)^2}{2} = 1 - 2x$

b) $\frac{x^2+2}{3} - \frac{x^2+1}{4} = \frac{x+5}{12}$

c) $\frac{(2x-1)(2x+1)}{3} = \frac{3x-2}{6} + \frac{x^2}{3}$

13. Resuelve.

a) $(2x-3)^2 - 19 = 3x(x-5)$

b) $x(1-2x) = (1-2x)^2$

c) $(x-4)^2 + 8(x+1) = 17$

d) $(x-2)^2 + (2x+1)^2 = 0$

e) $(x-3)^2 + 17 = (2x+5)^2 - 28x$

14. Resuelve las siguientes ecuaciones de segundo grado:

a) $(2x + 1)^2 = 1 + (x - 1)(x + 1)$

b) $\frac{(x+1)(x-3)}{2} + x = \frac{x}{4}$

c) $x + \frac{3x+1}{2} - \frac{x-2}{3} = x^2 - 2$

d) $\frac{x(x-1)}{3} - \frac{x(x+1)}{4} + \frac{3x+4}{12} = 0$

Otros tipos de ecuaciones

15. Resuelve las siguientes ecuaciones:

a) $(2x - 5)(x + 7) = 0$

b) $(x - 2)(4x + 6) = 0$

c) $(x + 2)(x^2 + 4) = 0$

d) $(3x + 1)(x^2 + x - 2) = 0$

16. Di cuáles son las soluciones de estas ecuaciones:

a) $(x - 2)(x + 3)(2x - 5) = 0$

b) $x^2(x - 6)(3x - 1) = 0$

c) $(2 - x)(x - 7)(x^2 - 9) = 0$

d) $x(x^2 + 1)(6x - 3) = 0$

17. Resuelve estas ecuaciones:

a) $\frac{2}{x} - \frac{1}{2x} = \frac{3x}{2}$

b) $\frac{800}{x} - 50 = \frac{600}{x+4}$

c) $\frac{1}{x^2} - 2 = \frac{3-x}{3x^2}$

d) $\frac{x}{2} = 1 + \frac{2x-4}{x+4}$

18. Resuelve.

a) $\frac{100}{x} + 5 = \frac{90}{x-4}$

b) $\frac{250}{x+1} - 5 = 3(4x - 1)$

c) $\frac{1}{x} + \frac{2}{x^2} = \frac{5}{9}$

d) $\frac{2-x}{2} + \frac{4}{2+x} = 1$

19. Resuelve.

a) $x - \sqrt{x} = 2$

b) $x - \sqrt{25 - x^2} = 1$

c) $x - \sqrt{169 - x^2} = 17$

d) $x + \sqrt{5x + 10} = 8$

e) $\sqrt{2x^2 + 7} = \sqrt{5 - 4x}$

f) $\sqrt{x + 2} + 3 = x - 1$

20. Busca una solución en cada caso:

a) $\frac{x}{\sqrt{x}} - 1 = \frac{6}{\sqrt{x}}$

b) $\sqrt{x} - 2 = \frac{5}{\sqrt{x} + 2}$

c) $\frac{2}{\sqrt{x-1}} + \frac{1}{3} = \frac{8}{3\sqrt{x-1}}$

d) $\frac{6}{\sqrt{x} - 2} - 1 = \frac{x - 22}{\sqrt{x} - 2}$

Aplica lo aprendido

21. Traduce a lenguaje algebraico y resuelve.

a) El triple de un número menos 18 unidades es igual que su mitad más 7. ¿Qué número es?

b) El cuadrado de un número es igual que su doble más 15. ¿De qué número se trata?

22. Reflexiona y busca todas las soluciones.

a) ¿Qué número natural multiplicado por su siguiente da 182?

b) ¿Qué número entero multiplicado por su siguiente da 182?

c) La suma de tres números pares consecutivos es 102. ¿Cuáles son esos números?

23. Observa la tabla:

ECUACIÓN	SOLUCIONES
$x(x - 1) = 42$	7 y (–6)
$2x(2x - 2) = 24$	
$3x(3x + 3) = 54$	

La primera ecuación resuelve el problema: "¿Qué número multiplicado por su anterior da 42?".

Escribe un enunciado para cada una de las otras dos ecuaciones y resuélvelas.

24. La suma de dos números consecutivos es menor que 27. ¿Cuáles pueden ser esos números si sabemos que son de dos cifras?

25. Calcula la edad de Alberto sabiendo que dentro de 22 años tendrá el triple de su edad actual.

26. Una tostada cuesta el doble que un café. Por tres cafés y dos tostadas hemos pagado 9,80 €. ¿Cuánto cuesta el café y cuánto la tostada?

27. El área de una lámina rectangular de bronce es de 60 cm^2 y su base mide 5/3 de su altura. Halla las dimensiones de la lámina.

28. Una persona compra un reproductor de música y un ordenador por 2 500 €, y los vende, después de algún tiempo, por 2 157,50 €. Con el reproductor de música perdió el 10 % de su valor, y con el ordenador, el 15 %. ¿Cuánto le costó cada uno?

Ejercicios y problemas

29. En una papelería, el precio de una copia en color es 0,75 € y el de una en blanco y negro es 0,20 €. En una semana, el número de copias en color fue la décima parte que en blanco y negro y se recaudaron 110 €. Calcula cuántas copias se hicieron de cada tipo.

30. Se mezclan 8 *l* de aceite de 4 €/*l* con otro más barato para obtener 20 *l* a 2,50 €/*l*. ¿Cuál es el precio del aceite barato?

Resuelve problemas

31. Hoy, la edad de Alberto cuadruplica la de su hija Marta, pero dentro de cinco años solo la triplicará. ¿Cuántos años tiene cada uno?

	HOY	DENTRO DE 5 AÑOS
MARTA	x	$x + 5$
ALBERTO	$4x$	$4x + 5$

32. Tengo 3 600 euros en el banco, repartidos en dos cuentas. Si hiciera una transferencia de la que más tiene a la que menos tiene, la primera aún seguiría teniendo el doble. ¿Cuánto hay en cada cuenta?

33. **Problema resuelto**

Un grupo de chicas y chicos sale a cenar y pagan 18 € cada uno. Si hubieran sido menos, habrían pagado, por la misma cuenta, 6 € más cada uno. ¿Cuántos han ido a cenar? ¿Cuánto les ha costado en total?

- x chicas y chicos van de cena y cada uno pone 18 €.
- Si hubieran sido $(x - 2)$, habrían puesto 24 € cada uno.

  Coste total con x participantes $\rightarrow$ $18x$

  Coste total con $(x - 2)$ participantes $\rightarrow$ $24(x - 2)$
- El coste es el mismo en ambos casos. Por tanto:

  $18x = 24(x - 2)$

  $18x = 24x - 48 \rightarrow 48 = 6x \rightarrow x = 8$

Solución: Salen a cenar 8 chicas y chicos y en total han pagado $8 \cdot 18 = 144$ euros.

34. Un granjero quiere vender una partida de botellas de leche a 0,50 € la botella. Se le rompen 60 botellas. Para obtener el mismo beneficio, aumenta en 0,05 € el precio de cada botella. ¿Cuántas botellas tenía? ¿Cuánto dinero pretende ganar?

35. Un grupo de estudiantes alquila un piso por 700 € al mes. Si fueran dos más, cada uno pagaría 40 € menos. ¿Cuántos son?

36. Un tipo de aceite de 3,20 €/*l* se obtiene mezclando un 60 % de aceite virgen de 4 €/*l* y el resto con otro más barato. ¿Cuál es el precio de ese otro?

37. El gerente de cierto negocio familiar, al cerrar el balance del mes, hace cuentas y concluye: si durante el próximo trimestre consiguiera, cada mes, un aumento progresivo del 10 % respecto al mes anterior, obtendría unos beneficios de 7 289 €. ¿Cuánto ha ganado este mes?

38. **Problema resuelto**

Una oposición consta de dos exámenes: uno escrito, que es el 65 % de la nota, y otro oral, que es el 35 %. Si un opositor tiene en el escrito un 4, ¿qué nota tiene que sacar como mínimo en el oral para aprobar?

$$\text{Nota final} = 0{,}65 \cdot \underbrace{\text{ESCRITO}}_{4} + 0{,}35 \cdot \underbrace{\text{ORAL}}_{x}$$

Buscamos un valor de x tal que:

$$0{,}65 \cdot 4 + 0{,}35x \geq 5$$

Resolvemos la ecuación:

$$0{,}65 \cdot 4 + 0{,}35x = 5 \rightarrow x = 6{,}86$$

Si $x = 6{,}86$, la nota final sería un 5. Si $x > 6{,}86$, la nota final superaría el 5.

Solución: En el examen oral tiene que sacar, como mínimo, un 6,86.

39. Un profesor de lengua calcula la nota final de sus estudiantes mediante un examen escrito, que es el 75 % de la nota final, y otro de expresión oral, que es el 25 %. Ana obtiene en el segundo un 6.

¿Qué tiene que sacar en el escrito para obtener como nota final al menos un notable (a partir de 7)?

40. Algunos de los miembros de un equipo de atletismo deciden regalar a su entrenador un cronómetro que cuesta 150 €. Al conocer la idea, se apuntan dos atletas más, con lo que a cada uno le toca pagar 5 € menos. ¿Cuántos participan finalmente en la compra del regalo?

41. Un vendedor del mercadillo lleva un cierto número de relojes, por los que piensa sacar 200 €, pero comprueba que dos de ellos están deteriorados. Aumentando el precio de los restantes en 5 €, consigue recaudar la misma cantidad. ¿Cuántos relojes lleva?

42. En un triángulo rectángulo, uno de los catetos mide los 3/5 de la hipotenusa, y el otro cateto mide 5 cm menos que esta. Halla su perímetro.

43. La base de un rectángulo es 2 cm mayor que la altura, y si se hace 2 cm más largo y otros 2 cm más ancho, se dobla su superficie. ¿Cuáles son las dimensiones de ese rectángulo?

Problemas "+"

44. Un pilón de riego se abastece mediante dos bombas que extraen el agua de sendos pozos. La primera, actuando sola, tarda cinco horas en llenar el pilón, y conectadas ambas a la vez, el pilón se llena en tan solo dos horas. ¿Cuánto tarda la segunda bomba actuando en solitario?

Llamamos x a las horas que tarda la 2.ª bomba.

— *La 1.ª bomba, en una hora, llena 1/5 del pilón.*

— *La 2.ª bomba, en una hora, llena $1/x$ del pilón.*

— *Las dos juntas, en una hora, llenan 1/2 del pilón.*

45. Una persona tarda 4 horas más que otra en hacer un trabajo. Si lo hacen entre las dos, tardan una hora y media en acabarlo. ¿Cuánto tarda cada una por separado?

46. Un camión ha salido de A hacia B a la vez que una furgoneta sale de B hacia A. Han tardado en cruzarse una hora y 12 minutos (6/5 de hora) y ambos vehículos han marchado a una velocidad constante. ¿Cuánto tiempo ha invertido cada vehículo en su recorrido sabiendo que el camión ha tardado una hora más que la furgoneta?

47. Una caja de embalaje es 2 cm más ancha que alta y 3 cm más larga que ancha. En su construcción se han empleado 900 cm^2 de plancha de cartón, de los que el 20 % se usa para las solapas.

¿Cuáles son las dimensiones de la caja?

48. En un terreno circular se quiere construir un polideportivo rectangular de 2 600 m^2 de área y en el que uno de los lados mida 2 m más que el otro.

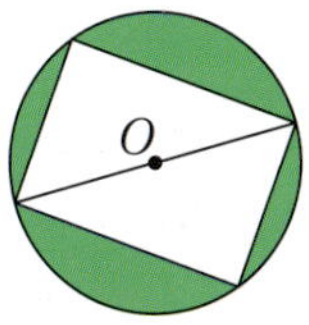

¿Cuál es la superficie de la zona que quedará sin edificar?

49. En un rectángulo en el que la base mide 3 cm más que la altura, el perímetro es mayor que 50 pero no llega a 54. ¿Qué puedes decir de la medida de la base?

Curiosidades matemáticas

Sabías que...

Ecuación viene del término latino *aequatio*, que, a su vez, se deriva de *aequare* (igualar) o *aequus* (igual).

Aquí tienes otras palabras del castellano con la misma raíz:

ECUADOR: Circunferencia máxima a *igual* distancia de los polos.

EQUIDISTANTE: Que está a *igual* distancia.

EQUILÁTERO: Con los lados *iguales*.

EQUIVALENTES: Que tienen *igual* valor.

ECUANIMIDAD: *Igualdad* o constancia de ánimo.

- Busca otras cuatro palabras que tengan la misma raíz que *ecuación*.

En equilibrio

Observa la balanza. Si cada bola pesa un gramo, ¿cuánto pesa cada caja?

Ingéniatelas como puedas

Encuentra una solución a esta ecuación:

$$7+\sqrt{1+\sqrt{5-\sqrt{30-\sqrt{13+\sqrt{x}}}}}=8$$

7 Sistemas de ecuaciones

De las ecuaciones a los sistemas

Los sistemas de ecuaciones se plantearon y resolvieron de forma simultánea a las ecuaciones, ya que el paso de un sistema de dos ecuaciones con dos incógnitas a una ecuación con una incógnita no supone ningún problema especial.

Diofanto, original e ingenioso, resolvía los problemas que podrían dar lugar a un sistema de ecuaciones mediante una única ecuación con una sola incógnita, escogida esta hábilmente para conseguir su propósito.

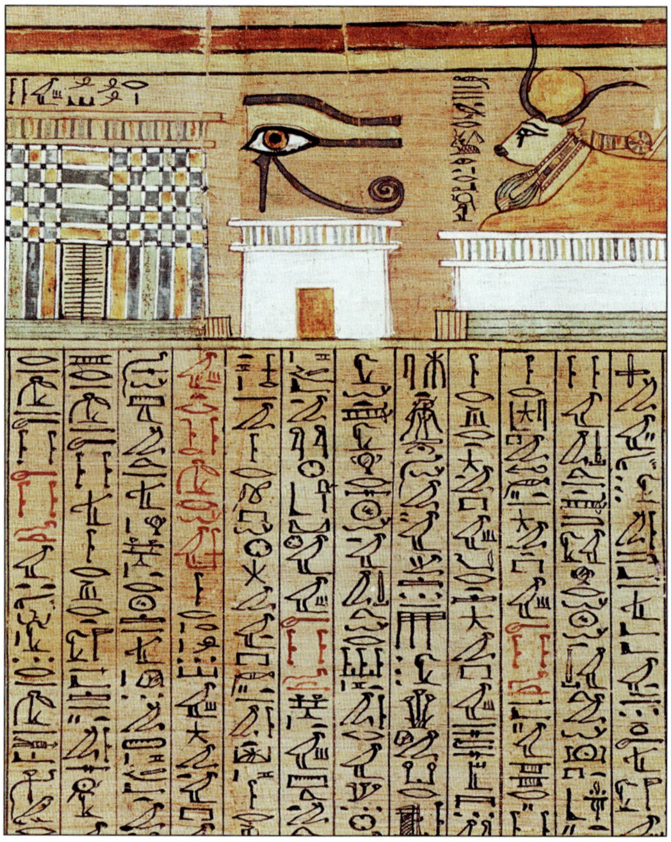

En un papiro egipcio que se conserva en Berlín, el escriba plantea y resuelve el siguiente problema: "El área de un cuadrado de cien codos cuadrados es igual a la suma de las áreas de dos cuadrados más pequeños, siendo el lado de uno de ellos 1/2 + 1/4 del lado del otro. Calcular los lados de estos dos cuadrados". En la actualidad, un sistema de ecuaciones traduce fácilmente este enunciado.

Históricamente, los sistemas de ecuaciones lineales no han sido un reto especialmente difícil. Ya en el siglo II a. C., los chinos resolvían sistemas lineales de varias ecuaciones con el mismo número de incógnitas, mediante un método elegante y potente, similar al que se usa en la actualidad.

La antigua matemática china destacó por su carácter práctico, obteniendo métodos excelentes tanto en aritmética como en álgebra.

1 Ecuaciones lineales con dos incógnitas

Una **ecuación** con dos incógnitas es **lineal** si se puede escribir de la forma:

$ax + by = c$, donde a, b y c son números reales.

Solución de una ecuación lineal con dos incógnitas es todo par de valores que hacen cierta la igualdad.

Ejemplo

$2x + 3y = 1$ es una ecuación lineal con dos incógnitas.

El par de valores $x = 5$, $y = -3$ es una solución, pues verifica la igualdad:

$$x = 5,\ y = -3 \rightarrow 2 \cdot 5 + 3 \cdot (-3) = 1$$

La solución anterior se suele expresar así: (5, –3).

Pero esta ecuación tiene muchas otras soluciones, que se obtienen con facilidad despejando una incógnita y dando valores a la otra. Por ejemplo:

$y = \dfrac{1-2x}{3} \rightarrow$

x	–2	–1	0	1/2	2	…
y	5/3	1	1/3	0	–1	…

De hecho, tiene infinitas soluciones.

Una ecuación lineal con dos incógnitas tiene infinitas soluciones.

Representación gráfica

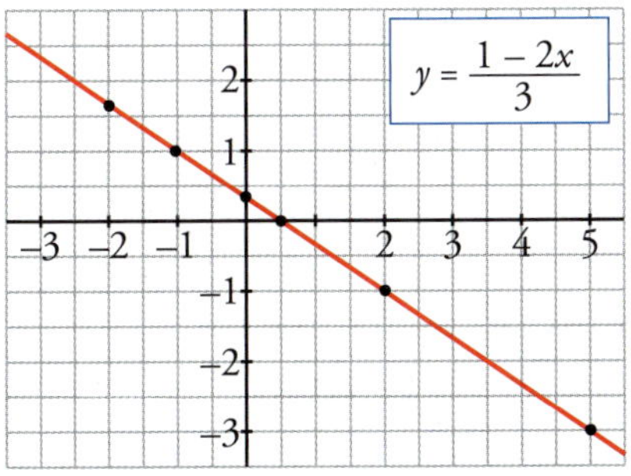

Si interpretamos las soluciones de una ecuación lineal con dos incógnitas como puntos del plano y los representamos, obtenemos una recta.

Podemos comprobarlo con las soluciones presentadas en la ecuación del ejemplo anterior: (–2, 5/3), (–1, 1), (0, 1/3), (1/2, 0), (2, –1), …

En adelante, recuerda que para representar una recta, basta con conocer dos de sus puntos y, quizá, uno más de comprobación.

x	–1	2	5
y	1	–1	–3

Casos especiales

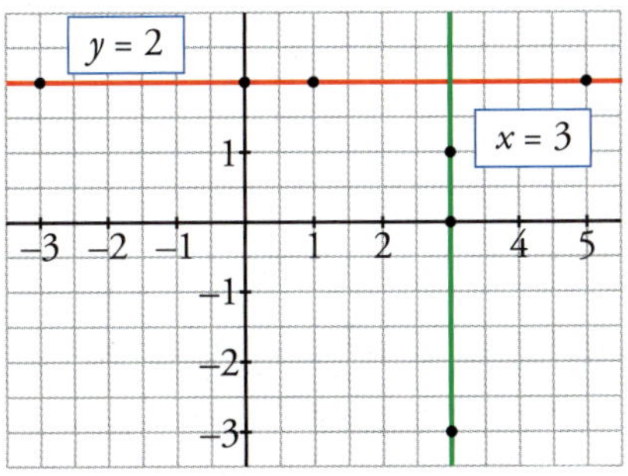

Las ecuaciones de la forma $y = k$ se representan mediante rectas horizontales, y las de la forma $x = k$, mediante rectas verticales.

Ejemplos

$y = 2 \rightarrow 0x + y = 2$

x	–3	0	1	5	…
y	2	2	2	2	2

$x = 3 \rightarrow x + 0y = 3$

x	3	3	3	3	…
y	–3	0	1	5	…

Piensa y practica

1. Obtén dos soluciones de cada ecuación y representa las rectas correspondientes.

a) $2x + y = 3$ b) $x + y = 4$

2. Representa gráficamente.

a) $y = 3$ b) $y = -\dfrac{1}{2}$ c) $x = -2$ d) $x = \dfrac{3}{2}$

2 Sistemas de ecuaciones lineales

Varias ecuaciones forman un **sistema** cuando pretendemos encontrar las soluciones comunes a todas ellas.

Vamos a centrarnos en los sistemas de dos ecuaciones lineales con dos incógnitas. Como hemos visto en la página anterior, podemos representar cada una de las ecuaciones mediante una recta.

Ejemplo

$\left.\begin{array}{l} x + 2y = 4 \\ x + \ \ y = 3 \end{array}\right\}$ Observa que la solución común a ambas ecuaciones es $x = 2$, $y = 1$ que, en la representación gráfica, coincide con el punto de corte de ambas rectas, (2, 1).

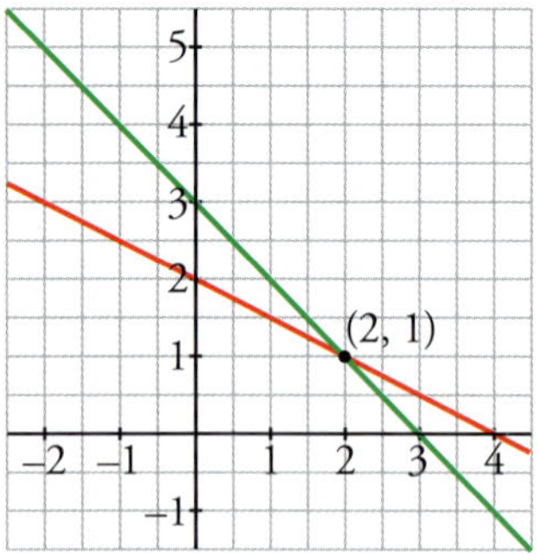

Solución: $x = 2$, $y = 1$

$y = \dfrac{4 - x}{2} \rightarrow$

x	–2	2	4
y	3	1	0

$y = 3 - x \rightarrow$

x	–2	2	4
y	5	1	–1

Gráficamente, la **solución** de un sistema de dos ecuaciones lineales con dos incógnitas es el punto de corte de las rectas que lo forman.

Número de soluciones de un sistema

En general, un sistema de dos ecuaciones lineales con dos incógnitas tiene una solución (el punto de corte de las dos rectas), pero, a veces, no ocurre así. Veamos qué otros casos pueden darse.

- **Sistemas incompatibles (sin solución)**

  Intentemos resolver el siguiente sistema:

  $\begin{cases} x + 2y = 4 \\ 2x + 4y = 2 \end{cases}$ Representando las dos rectas, vemos que no se cortan en ningún punto; son paralelas.

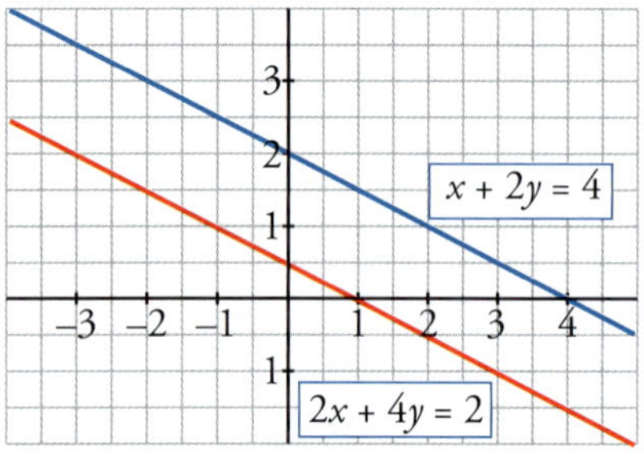

  El sistema no tiene solución, es incompatible (las ecuaciones son contradictorias: si $x + 2y = 4$, entonces $2x + 4y$ tendría que ser igual a 8, no a 2).

- **Sistemas indeterminados (con infinitas soluciones)**

  Consideremos ahora el siguiente sistema:

  $\begin{cases} x + 2y = 4 \\ 2x + 4y = 8 \end{cases}$ Observa que las dos ecuaciones dicen lo mismo (la segunda es el doble de la primera).

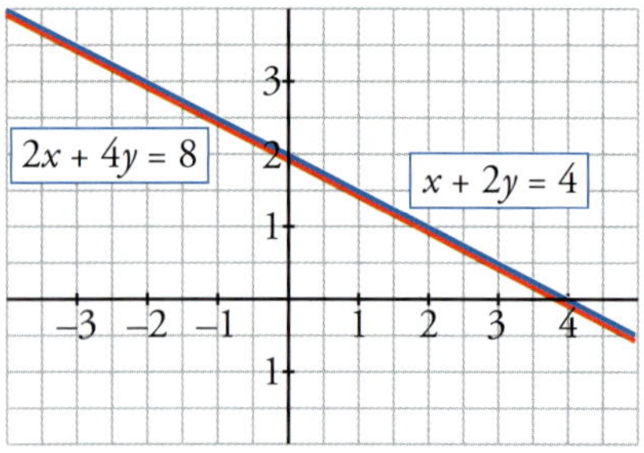

  Se trata de la misma recta. Por tanto, el sistema tiene infinitas soluciones, es indeterminado (cualquier punto de la recta es solución del sistema).

Piensa y practica

1. Representa las rectas en cada caso y di si el sistema tiene una solución, si es indeterminado (tiene infinitas) o si es incompatible (no tiene solución). En el caso de que tenga solución, di cuál es:

a) $\begin{cases} 2x + y = 5 \\ x + y = 4 \end{cases}$ b) $\begin{cases} 2x + y = 5 \\ 4x + 2y = 8 \end{cases}$ c) $\begin{cases} 2x + y = 5 \\ 4x + 2y = 10 \end{cases}$ d) $\begin{cases} -x + y = 2 \\ 3x + y = 2 \end{cases}$

En la web Resolución gráfica de sistemas lineales.

3 Resolución de sistemas de ecuaciones

Los métodos algebraicos para resolver sistemas de ecuaciones se orientan a obtener una ecuación con una sola incógnita a partir de las ecuaciones iniciales. Conocido el valor de esa incógnita, obtendremos el valor de la otra volviendo a las ecuaciones del sistema.

Método de sustitución

- Se despeja una incógnita en una de las ecuaciones y se sustituye en la otra. Se obtiene así una nueva ecuación con una sola incógnita.
- Se resuelve la nueva ecuación, obteniendo el valor de una de las incógnitas.
- Se calcula la otra incógnita, llevando el valor de la conocida a la expresión de la que se despejó inicialmente.

Ejercicio resuelto

Resolver por sustitución este sistema: $\begin{cases} 3x + y = 13 \\ 2x + 3y = 4 \end{cases}$

- Despejamos y en la primera ecuación (es lo más fácil), sustituimos en la segunda y resolvemos:

$$y = 13 - 3x \rightarrow 2x + 3(13 - 3x) = 4 \rightarrow x = 5$$

- Sustituimos el valor $x = 5$ en la ecuación en la que y aparecía despejada.

$$y = 13 - 3x \rightarrow y = 13 - 3 \cdot 5 \rightarrow y = -2$$

- La solución del sistema es $x = 5$, $y = -2$.

Ten en cuenta

El método se **sustitución** es especialmente útil cuando una de las incógnitas tiene coeficiente 1 o –1 en alguna de las ecuaciones.

En la web

Método de sustitución.

Comprobación

$$\begin{cases} 3x + y = 13 \\ 2x + 3y = 4 \end{cases}$$

Los valores $x = 5$, $y = -2$ verifican ambas ecuaciones:

$$3 \cdot 5 + (-2) = 13$$
$$2 \cdot 5 + 3 \cdot (-2) = 4$$

Método de igualación

- Se despeja la misma incógnita de las dos ecuaciones y se igualan las expresiones obtenidas, obteniendo una nueva ecuación con una sola incógnita.
- Se resuelve la nueva ecuación y se continúa como en el método anterior, sustituyendo en cualquiera de las despejadas.

Ejercicio resuelto

Resolver por igualación este sistema: $\begin{cases} 3x + y = 13 \\ 2x + 3y = 4 \end{cases}$

- Despejamos y en las dos ecuaciones, igualamos los resultados y resolvemos:

$$\left.\begin{array}{l} 3x + y = 13 \rightarrow y = 13 - 3x \\ 2x + 3y = 4 \rightarrow y = \dfrac{4 - 2x}{3} \end{array}\right\} 13 - 3x = \frac{4 - 2x}{3} \rightarrow x = 5$$

- Sustituimos en cualquiera de las ecuaciones en las que y aparece despejada:

$$y = 13 - 3x \rightarrow y = 13 - 3 \cdot 5 \rightarrow y = -2$$

- La solución del sistema es $x = 5$, $y = -2$.

Ten en cuenta

El método de **igualación** se suele utilizar cuando ya aparece despejada una misma incógnita en ambas ecuaciones. En tal caso, es como si aplicáramos el método de sustitución.

Método de reducción

- Se multiplica cada ecuación por el número que convenga para que los coeficientes de ambas queden igualados pero con signos opuestos.

  Al sumarlas, se obtiene una nueva ecuación con una sola incógnita.
- Se resuelve la nueva ecuación.
- El valor obtenido se sustituye en cualquiera de las ecuaciones originales.

Ten en cuenta

El método de **reducción** es muy cómodo de aplicar cuando una incógnita tiene el mismo coeficiente en las dos ecuaciones, o bien sus coeficientes son uno múltiplo del otro.

En la web

Método de reducción.

Ejercicio resuelto

Resolver por reducción este sistema: $\begin{cases} 3x + y = 13 \\ 2x + 3y = 4 \end{cases}$

- Multiplicamos la primera ecuación por (–3), dejando la segunda como está. Después, sumamos ambas y resolvemos:

$$\begin{cases} 3x + y = 13 \xrightarrow{\times(-3)} -9x - \cancel{3y} = -39 \\ 2x + 3y = 4 \longrightarrow 2x + \cancel{3y} = 4 \end{cases}$$

$$\text{Sumando: } -7x = -35 \rightarrow x = \frac{-35}{-7} \rightarrow x = 5$$

- Sustituimos el valor $x = 5$ en cualquiera de las ecuaciones iniciales. En este caso, es más fácil en la primera:

$$3 \cdot 5 + y = 13 \rightarrow y = 13 - 15 \rightarrow y = -2$$

- La solución del sistema es $x = 5$, $y = -2$.

OTRA OPCIÓN

Podríamos haber obtenido el valor de y aplicando el método para reducir x. Para ello, multiplicamos, en el sistema original, la primera ecuación por 2 y la segunda por (–3):

$$\begin{cases} 3x + y = 13 \xrightarrow{\times 2} \cancel{6x} + 2y = 26 \\ 2x + 3y = 4 \xrightarrow{\times(-3)} \cancel{-6x} - 9y = -12 \end{cases}$$

$$\text{Sumando: } -7y = 14 \rightarrow y = \frac{14}{-7} \rightarrow y = -2$$

Piensa y practica

1. Resuelve por el método de sustitución.

a) $\begin{cases} 4x + y = 9 \\ 3x + 2y = 8 \end{cases}$ b) $\begin{cases} -x + 4y = 1 \\ x + 2y = -1 \end{cases}$

c) $\begin{cases} 2x - 3y = 9 \\ 3x - y = 10 \end{cases}$ d) $\begin{cases} y + 2 = 5 \\ 3x + 4y = 0 \end{cases}$

2. Resuelve aplicando el método de igualación.

a) $\begin{cases} x + 5y = 4 \\ x - 3y = -4 \end{cases}$ b) $\begin{cases} y = \dfrac{3x + 1}{2} \\ 2x + y = 4 \end{cases}$

c) $\begin{cases} 5x + y = 3 \\ 2x - y = -3 \end{cases}$ d) $\begin{cases} 4x + 3y = 3 \\ 2x + 6y = 3 \end{cases}$

3. Resuelve por reducción.

a) $\begin{cases} x + y = 4 \\ x - y = 2 \end{cases}$ b) $\begin{cases} 4x + 3y = 5 \\ 5x - 3y = 13 \end{cases}$

c) $\begin{cases} 2x - 3y = 11 \\ 5x + 6y = 14 \end{cases}$ d) $\begin{cases} 7x + 2y = 25 \\ 3x - 5y = -1 \end{cases}$

4. Representa gráficamente cada par de ecuaciones:

a) $\begin{cases} 3x - 5y = 1 \\ x + 2y = 4 \end{cases}$ b) $\begin{cases} 2x - 3y = 13 \\ 3x - 5y = 21 \end{cases}$

Resuelve los sistemas por alguno de los métodos algebraicos que conoces y comprueba que la solución coincide con el punto de corte del par de rectas.

4 Sistemas de ecuaciones lineales más complejos

Cuando nos encontramos con un sistema en el que las ecuaciones tienen una fisonomía complicada, debemos empezar simplificándolas hasta que aparezcan en la forma $ax + by = c$. Después, resolvemos por uno de los tres métodos que hemos visto en las páginas anteriores.

Ejercicio resuelto

Resolver este sistema: $\begin{cases} \dfrac{2(x-y+4)}{3} - \dfrac{2x+y}{2} = \dfrac{5}{6} \\ -2(x-y+1) + \dfrac{x+y}{3} = -3 \end{cases}$

- Empezamos simplificando cada una de las dos ecuaciones:

$$\begin{cases} \dfrac{2(x-y+4)}{3} - \dfrac{2x+y}{2} = \dfrac{5}{6} \\ -2(x-y+1) + \dfrac{x+y}{3} = -3 \end{cases} \to \begin{cases} \dfrac{2x-2y+8}{3} - \dfrac{2x+y}{2} = \dfrac{5}{6} \\ -2x+2y-2 + \dfrac{x+y}{3} = -3 \end{cases} \to$$

$$\to \begin{cases} 2(2x-2y+8) - 3(2x+y) = 5 \\ -6x+6y-6+x+y = -9 \end{cases} \to$$

$$\to \begin{cases} 4x-4y+16-6x-3y = 5 \\ -5x+7y = -3 \end{cases} \to \begin{cases} -2x-7y = -11 \\ -5x+7y = -3 \end{cases}$$

- Aplicamos uno de los tres métodos que conocemos. En este caso, resulta muy adecuado el de reducción:

$$\begin{cases} -2x - \cancel{7y} = -11 \\ -5x + \cancel{7y} = -3 \end{cases}$$

Sumando: $-7x = -14 \to x = 2$

- Hallamos el valor de y:

$$-2x-7y=-11 \to -4-7y=-11 \to -7y=-7 \to y=1$$

- La solución del sistema es: $x = 2,\ y = 1$.

Comprobación

$$\begin{cases} \dfrac{2(x-y+4)}{3} - \dfrac{2x+y}{2} = \dfrac{5}{6} \\ -2(x-y+1) + \dfrac{x+y}{3} = -3 \end{cases}$$

Los valores $x = 2,\ y = 1$ verifican ambas ecuaciones:

$$\frac{2(2-1+4)}{3} - \frac{2\cdot 2+1}{2} = \frac{10}{3} - \frac{5}{2} = \frac{5}{6}$$

$$-2(2-1+1) + \frac{2+1}{3} = -4 + \frac{3}{3} = -3$$

Piensa y practica

1. Resuelve simplificando previamente.

a) $\begin{cases} \dfrac{x}{2} - \dfrac{y}{3} = 3 \\ \dfrac{x+y}{8} = 2 \end{cases}$

b) $\begin{cases} x + 5(y-1) = \dfrac{x-1}{2} \\ \dfrac{4(x+1)}{5} = 6y + 1 \end{cases}$

c) $\begin{cases} 2(x-y+3) - 3x = 0 \\ \dfrac{2(x+1)}{3} - \dfrac{y}{2} = 1 \end{cases}$

d) $\begin{cases} \dfrac{2x}{3} - \dfrac{3y}{2} = 2(x+y) + 3 \\ \dfrac{x-y}{3} = \dfrac{5}{3} \end{cases}$

5 Sistemas no lineales

No lo olvides

Si hay raíces o incógnitas en los denominadores, pueden aparecer falsas soluciones; es necesario comprobarlas.

Sistemas no lineales son aquellos en los que una de las dos ecuaciones, o ambas, son no lineales; es decir, tienen monomios de segundo grado $(x^2,\ y^2,\ x \cdot y)$ o de grado superior, o radicales, o alguna incógnita en el denominador…

Para resolverlos, aplicaremos alguno de los métodos conocidos que nos permita pasar del sistema de dos ecuaciones a una ecuación con una sola incógnita.

Ejercicio resuelto

Resolver los sistemas siguientes:

a) $\begin{cases} y - x = 1 \\ x^2 + y^2 = 5 \end{cases}$

b) $\begin{cases} x^2 + y^2 = 5 \\ x^2 - y^2 = 3 \end{cases}$

c) $\begin{cases} x + y = \dfrac{1}{2} \\ \dfrac{1}{x} - \dfrac{1}{y} = 3 \end{cases}$

a) Aplicamos el método de sustitución:

$$\begin{cases} y - x = 1 \ \rightarrow\ y = 1 + x \\ x^2 + y^2 = 5 \ \rightarrow\ x^2 + (1+x)^2 = 5 \ \rightarrow\ x^2 + 1 + 2x + x^2 = 5 \ \rightarrow \end{cases}$$

$$\rightarrow 2x^2 + 2x - 4 = 0 \rightarrow x^2 + x - 2 = 0 \begin{cases} x_1 = 1 \rightarrow y_1 = 1 + 1 = 2 \\ x_2 = -2 \rightarrow y_2 = 1 - 2 = -1 \end{cases}$$

Hay dos soluciones: (1, 2); (–2, –1).

b) Aplicamos el método de reducción:

$$\begin{cases} x^2 + y^2 = 5 \\ x^2 - y^2 = 3 \end{cases}$$

$$2x^2 = 8 \rightarrow x^2 = 4 \rightarrow x = \pm 2$$

- Si $x = 2 \rightarrow 4 + y^2 = 5 \rightarrow y^2 = 1 \rightarrow y = \pm 1$
- Si $x = -2 \rightarrow 4 + y^2 = 5 \rightarrow y^2 = 1 \rightarrow y = \pm 1$

Hay cuatro soluciones: (2, 1); (2, –1); (–2, 1); (–2, –1).

c) Eliminamos denominadores y resolvemos por sustitución:

$$\left.\begin{array}{l} x + y = \dfrac{1}{2} \\ \dfrac{1}{x} - \dfrac{1}{y} = 3 \end{array}\right\} \rightarrow \left.\begin{array}{l} 2x + 2y = 1 \\ y - x = 3xy \end{array}\right\} \rightarrow y = \frac{1-2x}{2}$$

Sustituimos el valor de y en la segunda ecuación: $\dfrac{1-2x}{2} - x = 3x \cdot \dfrac{1-2x}{2} \rightarrow$

$$\rightarrow 1 - 2x - 2x = 3x - 6x^2 \rightarrow 6x^2 - 7x + 1 = 0 \begin{cases} x_1 = 1 \rightarrow y_1 = -\dfrac{1}{2} \\ x_2 = \dfrac{1}{6} \rightarrow y_2 = \dfrac{1}{3} \end{cases}$$

Hay dos soluciones: $\left(1, -\dfrac{1}{2}\right); \left(\dfrac{1}{6}, \dfrac{1}{3}\right)$ (compruébalo en ambas ecuaciones).

En la web

Actividades para reforzar la resolución de sistemas no lineales.

Piensa y practica

1. Resuelve simplificando previamente.

a) $\begin{cases} x - y = 15 \\ x \cdot y = 100 \end{cases}$ b) $\begin{cases} 2x - y = 2 \\ x^2 + xy = 0 \end{cases}$ c) $\begin{cases} y = \sqrt{x+1} \\ y = 5 - x \end{cases}$ d) $\begin{cases} x^2 - y^2 = 3 \\ x^2 + y^2 = 5 \end{cases}$ e) $\begin{cases} x + 7 = y^2 \\ \dfrac{1}{x} + \dfrac{1}{y} = \dfrac{5}{xy} \end{cases}$

6 Resolución de problemas mediante sistemas

Para resolver problemas mediante ecuaciones o sistemas de ecuaciones, traducimos al lenguaje algebraico los datos que nos dan.

Hay muchos problemas que se pueden resolver mediante ecuaciones con una incógnita, pero resultan más fáciles de plantear si los resolvemos mediante sistemas de ecuaciones con dos incógnitas. Veamos algunos modelos.

Problemas resueltos

1. ***El abuelo comenta con la abuela: fíjate, María, entre los dos, juntando los años, hacemos siglo y medio. Cierto, contesta la abuela, pero recuerda que yo soy cuatro años más joven.***

¿Cuál es la edad de cada uno?

- Tomamos dos incógnitas:

  Edad del abuelo $\rightarrow x$

  Edad de la abuela $\rightarrow y$

- Planteamos un sistema de ecuaciones traduciendo al lenguaje algebraico la información que da el enunciado, y lo resolvemos:

  La suma de las edades es 150 años $\rightarrow x + y = 150$

  La diferencia de las edades es 4 años $\rightarrow x - y = 4$

  La solución es: $x = 77,\ y = 73$

Solución: El abuelo tiene 77 años, y la abuela, 73 años.

2. ***Elvira ha pagado 14 € por cuatro bocadillos de jamón y cinco refrescos, y Lorena ha gastado 8,40 € en tres bocadillos de jamón y dos refrescos. ¿Cuánto cuesta un bocadillo de jamón? ¿Y un refresco?***

- Tomamos dos incógnitas:

  Precio de un bocadillo de jamón $\rightarrow x$

  Precio de un refresco $\rightarrow y$

- Planteamos un sistema de ecuaciones y lo resolvemos:

  Gasto de Elvira $\rightarrow 4x + 5y = 14$

  Gasto de Lorena $\rightarrow 3x + 2y = 8,40$

  La solución es $x = 2,\ y = 1,20$.

Solución: Un bocadillo cuesta 2 €, y un refresco, 1,20 €.

Piensa y practica

En la web: Resuelve el problema "Las latas".

1. La suma de dos números es 323, y su diferencia, 47. ¿Cuáles son esos números?

2. Tres kilos de peras y dos de naranjas cuestan 6,70 €; un kilo de peras y cinco de naranjas cuestan 7 €. ¿A cómo está el kilo de peras? ¿Y el de naranjas?

3. En un test de 50 preguntas se suman dos puntos por cada acierto y se resta medio punto por cada fallo. ¿Cuántos aciertos y cuántos fallos dan un resultado de 65 puntos?

4. En un cine, tres entradas y dos bolsas de palomitas nos han costado 23 €. Si hubiera venido también Andrea, habrían sido una entrada y una bolsa de palomitas más, y habríamos pagado 31,50 €. ¿Cuánto cuesta cada entrada y cada bolsa de palomitas?

5. Un empresario aceitero ha envasado 10 000 litros de aceite en 12 000 botellas, unas de litro y otras de tres cuartos de litro. ¿Cuántas botellas de cada clase ha utilizado?

6. Dos números se diferencian en 35 unidades. Si al mayor se le resta la quinta parte del menor, se obtiene la misma cantidad que si al menor se le suma la quinta parte del mayor. ¿Qué números son?

7. La base de un rectángulo mide 13 cm más que la altura, y el perímetro mide 142 m. ¿Cuáles son las dimensiones del rectángulo?

8. En un triángulo isósceles, el perímetro mide 21 cm y el lado desigual es 3 cm más corto que cada uno de los lados iguales. ¿Cuánto mide cada lado?

3. ***Moliendo juntas dos clases de café, uno barato, a 3 €/kg, y otro de mejor calidad, a 5,20 €/kg, se ha obtenido una mezcla que sale a 3,77 euros el kilo. ¿Qué porcentaje de cada clase lleva la mezcla?***

- En 100 kilos de mezcla hay:

  x kilos del café inferior, que cuestan $3x$ €.

  y kilos de café superior, que cuestan $5{,}20y$ €.

- Planteamos dos ecuaciones, una atendiendo a los pesos, y otra, a los costes:

$$\left.\begin{array}{l}\text{Pesos} \rightarrow x + y = 100 \\ \text{Costes} \rightarrow 3x + 5{,}20y = 3{,}77 \cdot 100\end{array}\right\} \rightarrow \left.\begin{array}{l}x + y = 100 \\ 3x + 5{,}2y = 377\end{array}\right\}$$

  La solución del sistema es $x = 65$, $y = 35$.

Solución: La mezcla lleva un 65 % del café inferior y un 35 % del superior.

4. ***Dos pueblos, A y B, distan 23 km. Un ciclista sale de A hacia B a una velocidad constante de 12 km/h. Cinco minutos después, sale de B hacia A otro ciclista a una velocidad constante de 10 km/h. ¿Qué distancia recorre cada uno hasta que se cruzan?***

- Hasta el encuentro, el primer ciclista recorre x km, y tarda en recorrerlos $x/12$ horas.

  El segundo ciclista recorre y km, y tarda en recorrerlos $y/10$ horas.

- Planteamos dos ecuaciones, una atendiendo a las distancias y otra a los tiempos (ten en cuenta que el tiempo del primero es 5 minutos mayor que el del segundo, y que 5 minutos son 5/60 de hora):

$$\left.\begin{array}{l}\text{Distancias} \rightarrow x + y = 23 \\ \text{Tiempos} \rightarrow \dfrac{x}{12} = \dfrac{y}{10} + \dfrac{5}{60}\end{array}\right\} \rightarrow \left.\begin{array}{l}x + y = 23 \\ 5x - 6y = 5\end{array}\right\}$$

  La solución del sistema es $x = 13$, $y = 10$.

Solución: Hasta el encuentro, el primer ciclista recorre 13 km, y el segundo ciclista, 10 km.

5. ***Un inversor coloca 50 000 € en acciones de dos empresas, A y B. Al cabo de dos meses las vende, ganando un 6 % en las primeras y perdiendo un 2 % en las segundas. ¿Cuánto invirtió en cada compañía si en conjunto ganó 1 320 €?***

- Acciones de la compañía A → Invirtió x euros y ganó $0{,}06 \cdot x$.

  Acciones de la compañía B → Invirtió y euros y perdió $0{,}02 \cdot y$.

- Planteamos dos ecuaciones, una atendiendo a las cantidades invertidas y otra a las ganancias obtenidas:

$$\left.\begin{array}{l}\text{Cantidades invertidas} \rightarrow x + y = 50\,000 \\ \text{Ganancias obtenidas} \rightarrow 0{,}06x - 0{,}02y = 1\,320\end{array}\right\}$$

  La solución del sistema es $x = 29\,000$, $y = 21\,000$.

Solución: Colocó 29 000 € en la compañía A y 21 000 € en la compañía B.

En la web — Resuelve el problema "Las mezclas".

Piensa y practica

9. Un bodeguero mezcla un tonel de vino de 4,80 €/*l* con otro tonel de un vino inferior, de 3,50 €/*l*, obteniendo 1 300 litros que salen a 4 € el litro. ¿Cuánto vino de cada clase hay en la mezcla?

10. Dos ciudades, A y B, distan 113 km. Un coche sale de A hacia B a 100 km/h, y media hora después sale de B hacia A un camión a 80 km/h. ¿Qué distancia recorre cada uno hasta que se cruzan?

11. Jaime tiene 20 000 €. Coloca una parte, en un banco, al 7 %, y el resto, al 3 %. Gana 760 € en un año. ¿A cuánto ascendía cada parte?

12. Sofía tenía un capital de 200 000 €. Depositó una parte en un banco al 4 % anual. El resto lo invirtió en acciones, con las que perdió el 11 %. Al final del año ganó 4 250 €.

¿Cuánto destinó a cada inversión?

13. Un inversor reparte su capital en dos fondos de riesgo medio y un tiempo después los rescata, ganando un 3,25 % en el primero y perdiendo un 0,75 % en el segundo.

¿Qué tanto por ciento colocó en cada fondo si, en total, obtuvo un beneficio del 2,85 %?

En la web — Resuelve el problema "Móviles".

A continuación tienes algunos problemas resueltos con sistemas no lineales. Observa que se siguen aplicando los métodos que ya conoces.

Problemas resueltos

6. ***La suma de dos números es 30 y su producto es 161. ¿Qué números son?***

Llamando x e y a los números:

$$\left.\begin{array}{l} x + y = 30 \\ x \cdot y = 161 \end{array}\right\} \rightarrow x = 30 - y \rightarrow (30 - y) \cdot y = 161 \rightarrow 30y - y^2 = 161 \rightarrow$$

$$\rightarrow y^2 - 30y + 161 = 0 \rightarrow y = \frac{30 \pm \sqrt{30^2 - 4 \cdot 161}}{2} = \frac{30 \pm 16}{2} \begin{cases} y_1 = 23 \\ y_2 = 7 \end{cases}$$

Para $y_1 = 23$, $x_1 = 30 - 23 = 7$. Para $y_2 = 7$, $x_2 = 30 - 7 = 23$.

Solución: Los números son 23 y 7.

7. ***Un pilón de riego se abastece de dos bombas de distinta potencia, de forma que la primera es capaz de llenarlo en 3 horas menos que la segunda. Pero si se conectan a la vez, lo hacen en solo 2 horas. ¿Cuánto tarda cada bomba en solitario?***

La 1.ª bomba llena el pilón en x horas. $\rightarrow$ En una hora llena $\frac{1}{x}$ del pilón.

La 2.ª bomba llena el pilón en y horas. $\rightarrow$ En una hora llena $\frac{1}{y}$ del pilón.

Las dos juntas llenan el pilón en 2 horas. $\rightarrow$ En una hora llenan $\frac{1}{2}$ del pilón.

$$\left.\begin{array}{l} x = y - 3 \\ \frac{1}{x} + \frac{1}{y} = \frac{1}{2} \end{array}\right\} \rightarrow \left.\begin{array}{l} x = y - 3 \\ 2y + 2x = xy \end{array}\right\} \rightarrow 2y + 2(y - 3) = (y - 3)y \rightarrow$$

$$\rightarrow y^2 - 7y + 6 = 0 \rightarrow y = \frac{7 \pm \sqrt{49 - 24}}{2} = \frac{7 \pm 5}{2} \begin{cases} y_1 = 6 \\ y_2 = 1 \end{cases}$$

Si $y_1 = 6$, $x_1 = 3$. Si $y_2 = 1$, $x_2 = -2$. Despreciamos esta última solución negativa.

Solución: La primera bomba, en solitario, tarda 3 horas, y la segunda, 6 horas.

8. ***Un rectángulo tiene 22 cm de perímetro. Aumentando la base en dos metros y doblando la altura, la superficie aumentaría en 44 cm². Calcular la dimensiones del rectángulo.***

Llamando x a la base e y a la altura:

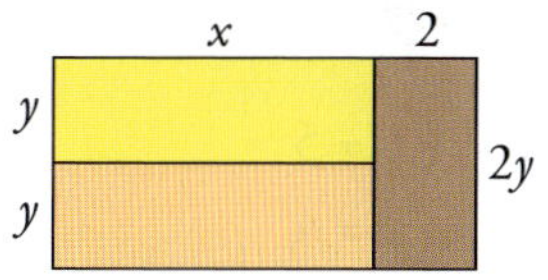

Perímetro $\rightarrow 2x + 2y = 22 \rightarrow x + y = 11$

Aumento del área $\rightarrow xy + 2 \cdot 2y = 44$

$$\left.\begin{array}{l} x + y = 11 \\ xy + 4y = 44 \end{array}\right\} \rightarrow x = 11 - y \rightarrow (11 - y) \cdot y + 4y = 44 \rightarrow y^2 - 15y + 44 = 0 \begin{cases} y_1 = 11 \\ y_2 = 4 \end{cases}$$

Si $y_1 = 11$, $x_1 = 0$. Si $y_2 = 4$, $x_2 = 7$.

Despreciamos la solución (11, 0) por no ser compatible con el enunciado.

Solución: La base del rectángulo mide 7 cm, y la altura, 4 cm.

En la web

Refuerza la traducción de enunciados a sistemas de ecuaciones.

En la web Resuelve el problema "Los pájaros".

Piensa y practica

14. La valla de una finca rectangular mide 148 m, y su superficie, 1 200 m². ¿Cuáles son sus dimensiones?

15. Calcula el perímetro de un triángulo rectángulo sabiendo que un cateto es 10 cm más largo que el otro y que el área mide 150 cm².

16. Un depósito dispone de dos grifos de llenado. Si se abre solo el primero, el depósito tarda en llenarse el doble que si se abre solo el segundo. Pero si se abren los dos a la vez, se llena en 10 minutos. ¿Cuánto tarda cada grifo en llenar el depósito actuando en solitario?

Ejercicios y problemas

Practica

Sistemas lineales

1. Comprueba si el par (3, –1) es solución de alguno de los siguientes sistemas:

a) $\begin{cases} 2x + y = 5 \\ 3x - 2y = 11 \end{cases}$ b) $\begin{cases} x - 2y = 5 \\ 4x + y = 8 \end{cases}$

2. Completa en tu cuaderno para que los siguientes sistemas tengan como solución $x = -1$, $y = 2$:

a) $\begin{cases} x - 3y = \dots \\ 2x + y = \dots \end{cases}$ b) $\begin{cases} y - x = \dots \\ 2y + x = \dots \end{cases}$

c) $\begin{cases} 3x + y = \dots \\ \dots + y/2 = 0 \end{cases}$ d) $\begin{cases} \dots - 2x = 4 \\ 3\ y + \dots = 1 \end{cases}$

3. Busca dos soluciones para cada una de estas ecuaciones y representa las rectas correspondientes:

a) $3x + y = 5$ b) $2x - y = 4$

4. Resuelve gráficamente cada uno de los siguientes sistemas:

a) $\begin{cases} 3x + y = 5 \\ x + y = 1 \end{cases}$ b) $\begin{cases} 4x - y = 7 \\ y - 1 = 0 \end{cases}$

c) $\begin{cases} x + y = 5 \\ 2x - y = 4 \end{cases}$ d) $\begin{cases} x + 2y = 1 \\ x + 3 = 0 \end{cases}$

5. Dos de los siguientes sistemas tienen solución única; uno de ellos es incompatible (no tiene solución) y otro es indeterminado (tiene infinitas soluciones). Intenta averiguar de qué tipo es cada uno, simplemente observando las ecuaciones. Después, resuélvelos gráficamente para comprobarlo:

a) $\begin{cases} x + 2y = 5 \\ y - x = 4 \end{cases}$ b) $\begin{cases} 2x + y = 3 \\ 4x + 2y = 2 \end{cases}$

c) $\begin{cases} x + y = 2 \\ 3x + 3y = 6 \end{cases}$ d) $\begin{cases} 3x + y = 2 \\ x - y = -2 \end{cases}$

6. Dada la ecuación $x + 3y = 1$, busca otra ecuación que forme con ella un sistema cuya única solución sea $x = -2$, $y = 1$. Busca también otra ecuación que forme con ella un sistema incompatible y otra que forme con ella un sistema indeterminado.

7. Resuelve estos sistemas por el método de sustitución:

a) $\begin{cases} 3x - 5y = 5 \\ 4x + y = -1 \end{cases}$ b) $\begin{cases} 8x - 7y = 15 \\ x + 6y = -5 \end{cases}$

c) $\begin{cases} 2x + 5y = -1 \\ 3x - y = 7 \end{cases}$ d) $\begin{cases} 3x - 2y = 2 \\ 5x + 4y = 7 \end{cases}$

8. Resuelve los siguientes sistemas por el método de igualación:

a) $\begin{cases} y = 2x - 3 \\ y = \dfrac{x - 3}{2} \end{cases}$ b) $\begin{cases} 5x + y = 8 \\ 2x - y = -1 \end{cases}$

c) $\begin{cases} x + 6y = -2 \\ x - 3y = 1 \end{cases}$ d) $\begin{cases} 4x - 5y = -2 \\ 3x + 2y = 10 \end{cases}$

9. Resuelve los siguientes sistemas por el método de reducción:

a) $\begin{cases} 3x + 2y = 4 \\ 5x - 2y = 4 \end{cases}$ b) $\begin{cases} 2x + 5y = 11 \\ 4x - 3y = -4 \end{cases}$

c) $\begin{cases} x + 6y = -4 \\ 3x - 5y = 11 \end{cases}$ d) $\begin{cases} 5x - 2y = 3 \\ 10x + 3y = -1 \end{cases}$

10. Resuelve por el método que consideres más adecuado:

a) $\begin{cases} 7x + 6y = 2 \\ y + 5 = 3 \end{cases}$ b) $\begin{cases} 5x - 3y = 1 \\ 4x + 2y = 14 \end{cases}$

c) $\begin{cases} 3(x + 2) = y + 7 \\ x + 2(y + 1) = 0 \end{cases}$ d) $\begin{cases} \dfrac{x}{3} + \dfrac{y}{2} = 3 \\ 2(x + y) = 16 \end{cases}$

e) $\begin{cases} 4x - 3 = 2y + 21 \\ 3y = \dfrac{15 - x}{2} \end{cases}$ f) $\begin{cases} \dfrac{-x + 7}{2} = y + 4 \\ 2x = \dfrac{3y - 10}{5} \end{cases}$

11. Resuelve los sistemas de ecuaciones siguientes por el método que consideres oportuno y comprueba la solución que obtengas:

a) $\begin{cases} 2x - y = 4 \\ 4x + 3y = -7 \end{cases}$ b) $\begin{cases} x + 2y = -1 \\ 3x - y = -1{,}25 \end{cases}$

c) $\begin{cases} 3x - 2y = 2 \\ x + 4y = -5/3 \end{cases}$ d) $\begin{cases} \dfrac{x + 1}{3} + y = 1 \\ \dfrac{x - 3}{4} + 2y = 1 \end{cases}$

Sistemas no lineales

12. Halla las soluciones de estos sistemas:

a) $\begin{cases} x + y = 1 \\ xy + 2y = 2 \end{cases}$ b) $\begin{cases} 2x + y = 3 \\ x^2 + y^2 = 2 \end{cases}$

c) $\begin{cases} 2x + y = 3 \\ xy - y^2 = 0 \end{cases}$ d) $\begin{cases} 3x - y = 3 \\ 2x^2 + y^2 = 9 \end{cases}$

13. Resuelve los sistemas siguientes por el método de reducción y comprueba que tienen cuatro soluciones:

a) $\begin{cases} x^2 + y^2 = 74 \\ 2x^2 - 3y^2 = 23 \end{cases}$ b) $\begin{cases} 3x^2 - 5y^2 = 7 \\ 2x^2 = 11y^2 - 3 \end{cases}$

14. Resuelve los siguientes sistemas (no olvides comprobar las soluciones):

a) $\begin{cases} y = \sqrt{x + 2} \\ x - 2y = 1 \end{cases}$ b) $\begin{cases} y = x + 1 \\ y = \sqrt{x} + 7 \end{cases}$

c) $\begin{cases} xy = 2 \\ \dfrac{x}{y} = \dfrac{25}{2} \end{cases}$ d) $\begin{cases} 2xy = 3 \\ x + 2y = 4 \end{cases}$

15. Resuelve los siguientes sistemas:

a) $\begin{cases} x - y = 1 \\ x^2 + y^2 = 11 - 3x \end{cases}$ b) $\begin{cases} 3x + 2y = 0 \\ x(x - y) = 2(y^2 - 4) \end{cases}$

Aplica lo aprendido

16. La suma de dos números es 15. La mitad de uno de ellos más la tercera parte del otro es 6. ¿De qué números se trata?

17. La suma de dos números es 14. Añadiendo una unidad al mayor se obtiene el doble del menor. Halla los dos números.

18. Encuentra dos números tales que añadiendo tres unidades al primero se obtenga el segundo y, en cambio, añadiendo dos unidades al segundo se obtenga el doble del primero.

19. Un número es triple que otro. Pero si al menor se le suman 7 unidades y al mayor se le resta su quinta parte, quedan igualados. ¿Qué números son?

20. Cuatro barras de pan y seis litros de leche cuestan 6,80 €; tres barras de pan y cuatro litros de leche cuestan 4,70 €. ¿Cuánto vale una barra de pan? ¿Cuánto cuesta un litro de leche?

21. Una empresa aceitera ha envasado 3 000 *l* de aceite en 1 200 botellas de 2 *l* y de 5 *l*. ¿Cuántas botellas de cada clase se han utilizado?

22. Un test consta de 48 preguntas. Por cada acierto se suman 0,75 puntos y por cada error se restan 0,25. Mi puntuación fue de 18 puntos. ¿Cuántos aciertos y errores tuve, si contesté a todas las preguntas?

23. Un fabricante de bombillas obtiene un beneficio de 0,80 € por cada pieza que sale de su taller para la venta, pero sufre una pérdida de 1 € por cada pieza defectuosa que debe retirar. En un día ha fabricado 2 255 bombillas, obteniendo unos beneficios de 1 750 €. ¿Cuántas bombillas válidas y cuántas defectuosas se fabricaron ese día?

24. En una pescadería, un cliente se lleva una pescadilla de kilo y medio y tres cuartos de kilo de boquerones. Tras él, una señora pide media pescadilla que pesa 600 gramos y un kilo de boquerones. El primero paga 21 € por su compra, y la señora, 12,60 € por la suya. ¿A cómo está el kilo de pescadilla? ¿Y el de boquerones?

25. En un aparcamiento cobran un fijo por entrar y un tanto a la hora. Hoy, por hora y media, he pagado 2,60 € y ayer pagué 3,40 € por dos horas y diez minutos. ¿Cuál es el fijo y cuál es el coste por hora?

26. Andrés tiene dos cuentas en el banco. Si pasara 600 € de la primera a la segunda, esta quedaría con saldo doble. Pero si la transferencia fuera de 300 € en sentido contrario, sería la primera la que tendría el doble. ¿Cuánto hay en cada una?

27. Una empresa de alquiler de coches cobra por día y por kilómetros recorridos. Un cliente pagó 160 € por 3 días y 400 km, y otro pagó 175 € por 5 días y 300 km. Averigua cuánto cobran por día y por km.

28. La diferencia de dos números es 6, y la de sus cuadrados, 144. Halla los números.

29. Calcula dos números cuya suma sea 24, y su producto, 135.

30. Halla dos números cuya suma sea 20, y la de sus cuadrados, 232.

31. El perímetro de un rectángulo es de 20 cm, y su área, de 21 cm^2. ¿Cuáles son sus dimensiones?

Ejercicios y problemas

Resuelve problemas

32. La edad de un padre es hoy el triple que la del hijo y hace 6 años era cinco veces la edad del hijo. ¿Cuántos años tiene cada uno?

	EDAD ACTUAL	EDAD HACE 6 AÑOS
PADRE	x	$y - 6$
HIJO	y	$x - 6$

33. La edad de un padre es hoy siete veces la edad del hijo y dentro de 10 años será solo el triple. Calcula la edad actual de cada uno.

34. Se sabe que Noelia le saca 27 años a Marcos y que dentro de 12 años le doblará en edad. ¿Qué edad tiene cada uno?

35. El año que viene, la edad de Raquel será el triple que la de su hijo Iván, pero dentro de 12 años solo será el doble. ¿Cuántos años tiene cada uno?

36. **Ejercicio resuelto**

La semana pasada, Sara compró una camisa y un jersey por 76 €. Ahora, Rosa ha pagado 65,80 € por los mismos artículos, pues la camisa tiene un 15 % de rebaja, y el jersey, un 12 %. ¿Cuánto costaba cada artículo antes de la rebaja?

	ANTES DE LA REBAJA	CON REBAJA
CAMISA	x	$0{,}85x$
JERSEY	y	$0{,}88y$

$$\begin{cases} x + y = 76 \\ 0{,}85x + 0{,}88y = 65{,}8 \end{cases}$$

Resuelve el sistema y expresa la solución en el contexto del problema.

37. Un inversor dispone de 100 000 €. Invierte una parte en un banco que le paga el 4 % anual, y el resto, en unas acciones que le producen un 5 % al final del año. En total, gana 4 700 €. ¿Qué cantidad ha destinado a cada operación?

38. Una persona compra un equipo de música y un ordenador por 2 500 €. Después de algún tiempo, los vende por 2 157,50 €. Con el equipo de música perdió el 10 % de su valor, y con el ordenador, el 15 %. ¿Cuánto le costó cada uno?

39. Por una calculadora y un cuaderno habríamos pagado, hace tres días, 10,80 €. El precio de la calculadora ha aumentado un 8 %, y el cuaderno tiene una rebaja del 10 %. Con estas variaciones, los dos artículos nos cuestan 11,34 €. ¿Cuánto costaba cada uno de los artículos hace tres días?

40. En una cafetería utilizan dos marcas de café, una de 6 €/kg y otra de 8,50 €/kg. El encargado quiere preparar 20 kg de una mezcla de los dos cuyo precio sea 7 €/kg. ¿Cuánto tiene que poner de cada clase?

	CANTIDAD	PRECIO	COSTE
CAFÉ A	x	6	$6x$
CAFÉ B	y	8,50	$8{,}50y$
MEZCLA	20	7	140

41. Por la mezcla de 5 kg de pintura verde y 3 kg de pintura blanca he pagado 63 €. Calcula el precio de la pintura blanca y de la pintura verde sabiendo que si mezclase un kilogramo de cada una el coste de la mezcla sería 15 €.

42. La distancia entre dos ciudades, A y B, es de 400 km. Un coche sale desde A hacia B a una velocidad de 90 km/h. Simultáneamente, sale otro coche desde B hacia A a 110 km/h. ¿Cuánto tiempo tardarán en cruzarse? ¿A qué distancia de A se producirá el encuentro?

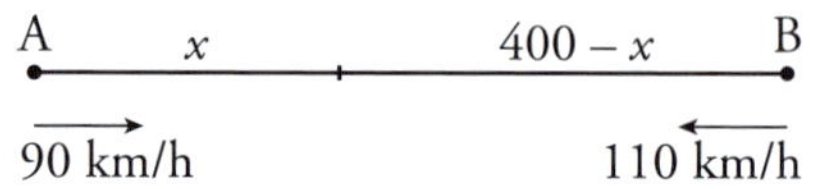

	ESPACIO	VELOCIDAD	TIEMPO
A	x	90 km/h	t
B	$400 - x$	110 km/h	t

43. Dos pueblos, A y B, están en la misma carretera, a una distancia de 8 km. Un ciclista sale de A, alejándose de B, a una velocidad de 15 km/h. Veinte minutos más tarde, sale de B otro ciclista, a 20 km/h, con la intención de alcanzar al anterior. ¿Qué distancia habrá recorrido cada uno hasta el momento en que se produce el alcance?

44. Un transportista va a una ciudad que está a 300 km de distancia. Al volver, su velocidad media ha sido superior en 10 km/h a la velocidad de ida, y ha tardado una hora menos. Calcula las velocidades y los tiempos empleados a la ida y a la vuelta.

45. **Problema resuelto**

La suma de las dos cifras de un número es 9. Si invertimos el orden de sus cifras, el nuevo número supera al inicial en 45 unidades. ¿De qué número se trata?

Llamamos x a las decenas e y a las unidades:

D	U		D	U	
x	y	$\rightarrow 10x + y$	y	x	$\rightarrow 10y + x$

Planteamos el sistema:

La suma de las cifras es 9 $\rightarrow$ $x + y = 9$

El número invertido supera al inicial en 45 $\rightarrow$ $10y + x = (10x + y) + 45$

$$\left.\begin{aligned} x + y &= 9 \\ -9x + 9y &= 45 \end{aligned}\right\} \rightarrow x = 2,\ y = 7$$

Solución: El número buscado es 27.

Comprobación: $2 + 7 = 9$; $72 - 27 = 45$

46. La suma de las dos cifras de un número es 5. Si invertimos el orden de las cifras, el número es 9 unidades menor que el inicial. ¿De qué número se trata?

47. La suma de las dos cifras de un número es 8. Si al número se le añaden 18 unidades, el número resultante está formado por las mismas cifras en orden inverso. ¿Cuál es ese número?

48. La edad actual de Rosa es el cuadrado de la de su hija y dentro de 9 años será solamente el triple. ¿Qué edad tiene cada una?

49. Halla las dimensiones de un rectángulo cuyo perímetro es 34 m, y su diagonal, 13 m.

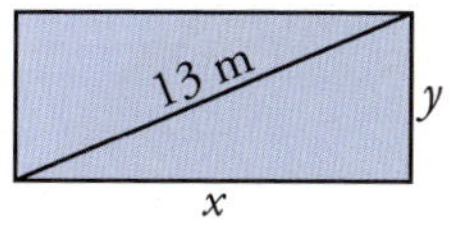

Aplica el teorema de Pitágoras.

50. Una pista rectangular de patinaje, con un perímetro de 100 metros, va a sufrir una reforma que le hará ganar un 10 % a lo ancho y otro 10 % a lo largo. Así aumentará su superficie en 126 m^2. ¿Cuáles eran las medidas primitivas de la pista?

51. Un tren de mercancías sale de A hacia B a la vez que uno de viajeros de B hacia A, y tardan 20 minutos en cruzarse. ¿Cuánto tarda cada uno en cubrir el recorrido completo, sabiendo que el de mercancías lo hace en 30 minutos más que el de viajeros?

Problemas "+"

52. Un joyero tiene dos lingotes de oro, uno con un 80 % de pureza y otro con un 95 %. ¿Cuánto debe fundir de cada uno para obtener un lingote de 5 kg con un 86 % de pureza?

53. ¿Cuántos litros de leche con un 10 % de grasa hemos de mezclar con otra leche que tiene un 4 % de grasa para obtener 18 litros con un 6 % de grasa?

54. La edad actual de una madre es el cuadrado de la que tendrá su hija dentro de dos años, momento en el que la edad de la hija será la sexta parte de la edad que tiene ahora la madre. Calcula la edad de ambas.

Curiosidades matemáticas

Ecuaciones diofánticas

Las ecuaciones diofánticas se caracterizan por tener soluciones naturales (algunas veces, enteras). Se llaman así en honor a Diofanto de Alejandría, matemático del siglo III, considerado el primer algebrista.

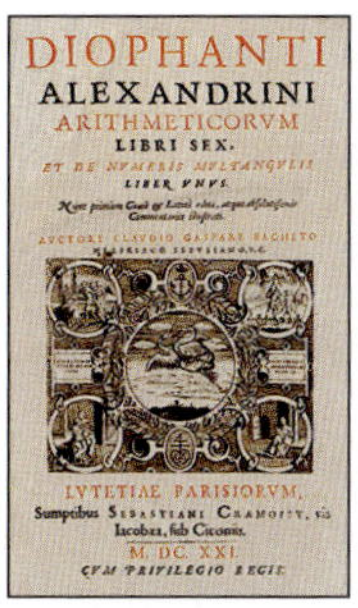

Te proponemos dos problemas para resolver con *ecuaciones diofánticas*.

Son problemas abiertos que pueden tener varias soluciones, pero eso lo tienes que averiguar tú. Si hay varias, has de encontrarlas todas.

PROBLEMA 1

Tenemos un mueble del que se ha roto una pata de 4 cm de altura. Para equilibrarlo provisionalmente, disponemos de varios discos de madera, unos de 5 mm de grosor y otros de 3 mm. ¿Cuántos discos de cada clase usaremos?

PROBLEMA 2

En un test de 20 preguntas se consiguen 5 puntos por cada respuesta correcta, se pierden 3 por cada respuesta errónea, y otros 2 por cada pregunta sin contestar. ¿Qué tiene que ocurrir para obtener una calificación de 0 puntos? ¿Y para obtener 50?

FUNCIONES

Funciones. Características

Funciones elementales

8 Funciones. Características

Evolución del concepto de función

El concepto de función ha ido evolucionando y perfilándose a lo largo del tiempo. ¿Qué requisitos se le ha ido exigiendo a dicho concepto?

— Una función relaciona dos variables.

— Las funciones describen fenómenos naturales. ("Las leyes de la naturaleza son relaciones de dependencia entre *dos cantidades*").

— Las relaciones funcionales pueden ser descritas mediante fórmulas (relaciones algebraicas).

— Las funciones pueden ser representadas gráficamente.

Sello de la antigua URSS conmemorando el 400.º aniversario del nacimiento de Galileo (1564-1642).

Aportaciones de grandes matemáticos

Galileo (finales del siglo XVI) utiliza por primera vez la experimentación cuantitativa (diseña, experimenta, mide, anota) para establecer relaciones numéricas que describan fenómenos naturales.

Descartes (siglo XVII), con su algebrización de la geometría, propicia que las funciones puedan ser representadas gráficamente.

Leibniz, en 1673, utiliza por primera vez la palabra *función* para designar estas relaciones.

Euler, entre 1748 y 1755, fue perfilando el concepto, al que dio precisión y generalidad, admitiendo, finalmente, que una relación entre dos variables puede ser función aunque no haya una expresión analítica que la describa. El propio Euler fue quien aportó la nomenclatura $f(x)$.

Monumento en honor del matemático y filósofo alemán Leibniz (1646-1716), en el campus de la Universidad de Leipzig.

Academia de Ciencias de San Petersburgo, Rusia, en cuya revista de investigación, "Commentarii", Euler introdujo por primera vez la notación $f(x)$, en un artículo publicado en 1736.

1 Conceptos básicos

Una función liga dos variables numéricas a las que, habitualmente, se las llama x e y:

x es la **variable independiente.** y es la **variable dependiente.**

La relación entre las variables mediante la función f asocia a cada valor de x **un único** valor de y. Se expresa así:

$$y = f(x)$$

Para visualizar el comportamiento de una función, recurrimos a su representación gráfica.

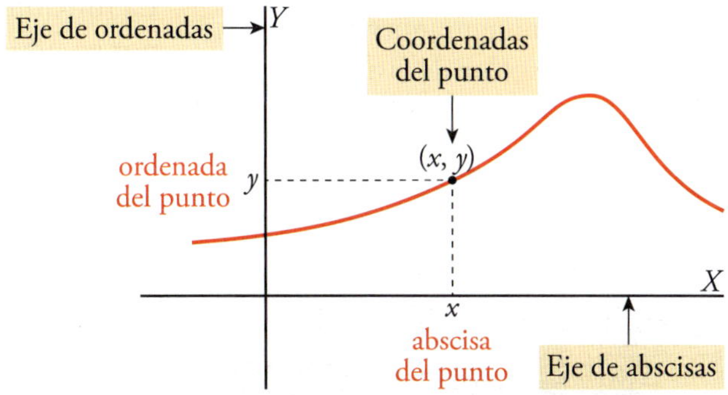

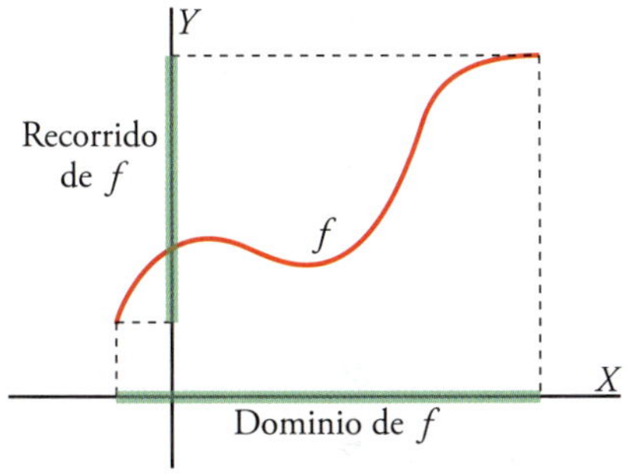

Se llama **dominio de definición** de una función, f, y se designa por *Dom f*, al conjunto de valores de x para los cuales existe la función.

Se llama **recorrido** de f al conjunto de valores que toma la función. Es decir, al conjunto de valores de y para los cuales hay un x tal que $f(x) = y$.

Ejercicio resuelto

Explicar por qué es función la siguiente relación:

Se deja caer una bola y se mide la altura a la que se encuentra en distintos instantes.

Se ligan dos variables: el *tiempo*, t, medido en segundos, y el *espacio recorrido*, e, medido en metros.

La primera es la variable independiente. La segunda es la variable dependiente.

En cada instante, la bola se encuentra a una cierta altura. Es decir, para cada valor de t hay un único valor de e. Por tanto, e es una función que depende de t: $e = f(t)$.

Piensa y practica

En la web Refuerza el cálculo del dominio de definición de una función.

1. Esta gráfica describe la temperatura a la que sale el agua de un grifo que se mantiene un rato abierto.

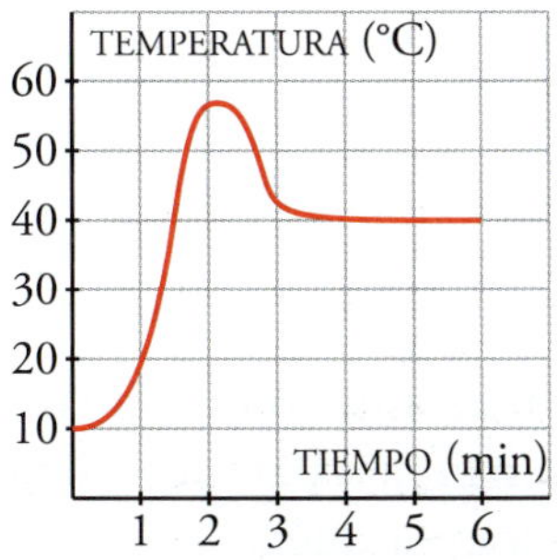

a) ¿Cuáles son las dos variables?

b) Explica por qué es una función.

c) ¿Cuáles son el dominio de definición y el recorrido?

2. Indica el dominio y el recorrido de estas funciones:

a)

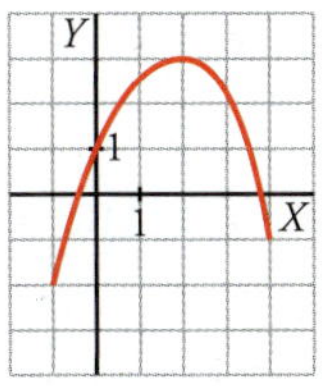

b)

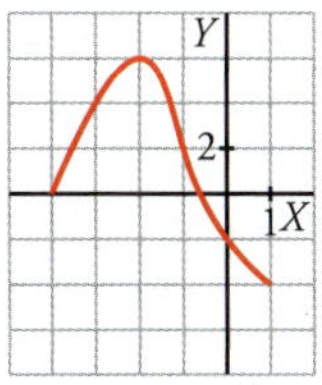

c)

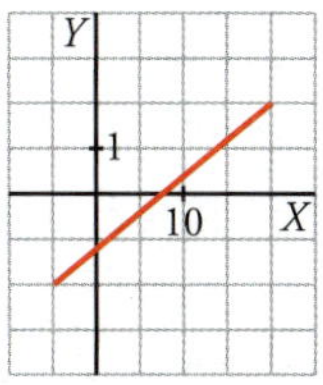

3. Representa una función cuyos dominio y recorrido sean, respectivamente, $[-2, 5]$ y $[2, 7]$. Inventa otra con dominio $[0, 5]$ y recorrido $\{1\}$.

En la web Modelización del llenado de recipientes.

2 Cómo se presentan las funciones

Tanto en el estudio de las matemáticas como en otras ciencias o en la vida cotidiana, nos encontramos frecuentemente con funciones.

Las funciones nos vienen dadas de muy diversas formas: mediante su **gráfica,** por una **tabla de valores,** por una **fórmula** o mediante una descripción verbal (**enunciado**).

Observa

La gráfica de una función permite apreciar su comportamiento global con un simple golpe de vista.

Mediante su gráfica

La función de la derecha viene dada por su gráfica. Describe el precio de la vivienda en los últimos años en una cierta región.

Como mejor se puede apreciar el comportamiento global de una función es mediante su representación gráfica. Por eso, siempre que pretendamos analizar una función, intentaremos representarla gráficamente, cualquiera que sea la forma en la cual, en principio, nos venga dada.

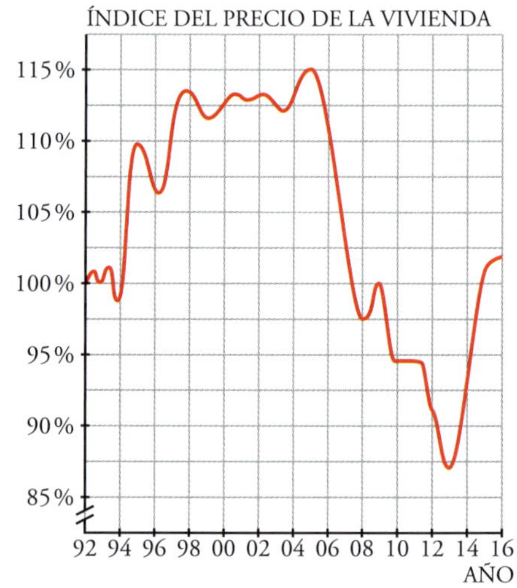

Mediante un enunciado

Cuando una función viene dada por un enunciado o una descripción, la idea que nos podemos hacer de ella es, casi siempre, cuantitativamente poco precisa. Pero si el enunciado se acompaña con datos numéricos, la función puede quedar perfectamente determinada. Veamos dos ejemplos de funciones que relacionan la *altura sobre el nivel del mar* con el *tiempo transcurrido*:

- Félix salió por la mañana de su casa de campo, siguió un camino que llevaba a la cima de una montaña, comió arriba y volvió justo antes de anochecer.
- María salió de su casa, en la playa, a las 9 a.m. Caminó 45 min hasta la cima de una colina que está a 250 m de altura sobre el nivel del mar, se quedó 10 min contemplando las vistas y tardó 30 min en volver a casa.

En la web

"Dos caminantes": lectura de gráficas.

Piensa y practica

1. Vamos a analizar la gráfica de arriba correspondiente al precio de la vivienda:

a) ¿Qué quiere decir que la gráfica arranque en el 100 %? ¿Te parece razonable?

b) El máximo fue del 115 %. ¿En qué momento ocurrió? Contesta aproximadamente.

c) ¿Cuál fue el mínimo? ¿En qué momento sucedió?

d) ¿Cuál fue el índice del precio en el 2006?

2. Fíjate en las funciones *altura sobre el nivel del mar - tiempo transcurrido* que se han descrito más arriba referentes a las excursiones realizadas por Félix y María.

a) Representa la gráfica correspondiente a Félix.

b) Representa la gráfica correspondiente a María.

c) Si compararas las dos gráficas anteriores con las de tus compañeros, ¿cuáles serían más parecidas, las de Félix o las de María? Explica por qué.

Mediante una tabla de valores

Con frecuencia se nos dan los valores de una función mediante una tabla en la cual se obtienen directamente los datos buscados. Sin embargo, en otros casos hay que efectuar complejos cálculos para obtener lo que se busca.

Ejemplo 1

La siguiente tabla muestra las ofertas que ofrece una reprografía para distintas cantidades de fotocopias.

FOTOCOPIAS AUTOMÁTICAS FORMATO DIN A-4	PRECIO POR UNIDAD (€)
De 1 a 49 fotocopias	0,10 €
De 50 a 99 fotocopias	0,09 €
De 100 a 199 fotocopias	0,08 €
200 o más fotocopias	0,07 €

Así, si quieres hacer 49 fotocopias te costará 49 · 0,10 = 4,90 €; sin embargo, si haces 52 fotocopias, te saldrá más barato: 52 · 0,09 = 4,68 €. Es curioso, ¿no?

Ejemplo

Pedro quiere hacer 45 fotocopias; Ana, 64, y Ariadna, 110.

- Pedro debe pagar:
  45 · 0,10 = 4,50 €
- Ana: 64 · 0,09 = 5,76 €
- Ariadna: 110 · 0,08 = 8,80 €

Mediante su expresión analítica o fórmula

La **expresión analítica** es la forma más precisa y operativa de dar una función. Pero para visualizarla se requiere un minucioso estudio posterior. Veamos algunos ejemplos:

Ejemplo 2

Una bola que se deja caer por un plano levemente inclinado lleva una aceleración de 20 cm/s^2.

La distancia, e, en centímetros, que recorre en función del tiempo, t, en segundos, viene dada por la fórmula $e = 10t^2$.

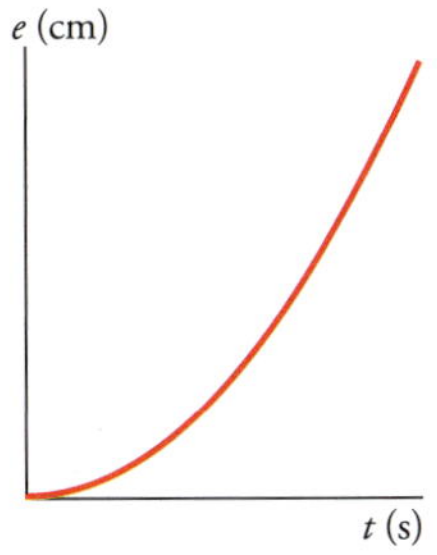

Ejemplo 3

El periodo, T, de un cierto péndulo viene dado en función de su longitud, l (en m), por la fórmula $T = \sqrt{4l}$.

El periodo es el tiempo, en segundos, que tarda en dar una oscilación, ida y vuelta.

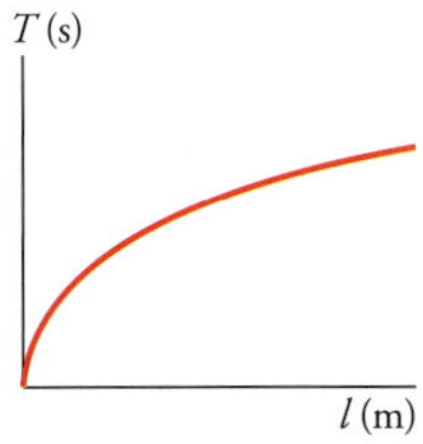

Ejercicio resuelto

En el* EJEMPLO *1:

a) Como mínimo, ¿cuántas fotocopias pedirás para que te salga más caro que hacer 49?

b) Quieres hacer 187 copias. ¿Cuántas copias debes pedir para pagar lo menos posible?

a) Hacer 49 fotocopias cuesta 4,90 €. Con esa cantidad, y a un precio de 0,09 € por unidad, se pueden hacer 4,90 : 0,09 = 54,44.

Es decir, hay que hacer 55 fotocopias o más para que salga más caro que hacer 49.

b) Por 187 fotocopias deberías pagar 187 · 0,08 = 14,96 €. Si pides 200 (pasas al rango de 0,07 € por unidad), el precio es 200 · 0,07 = 14 €. Por tanto, conviene pedir 200 copias.

Piensa y practica

3. En el EJEMPLO 1, ¿cuántas fotocopias debes pedir como mínimo para que te salga más caro que hacer 199?

4. En el EJEMPLO 2, calcula la distancia que recorre la bola en 1 s, 2 s y 3 s. ¿Cuánto tarda en recorrer 2 m?

5. En el EJEMPLO 3:

a) Calcula el periodo de un péndulo de 1 m de largo.

b) ¿Cuál es la longitud de un péndulo cuyo periodo es de 6 segundos?

3 Funciones continuas. Discontinuidades

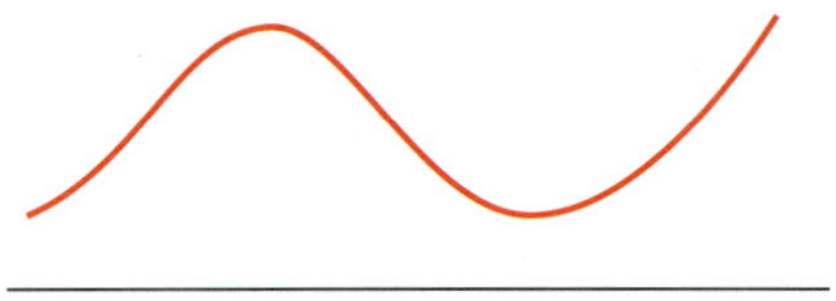

FUNCIÓN CONTINUA

La función del margen es continua en todo su dominio de definición. Sin embargo, las tres funciones siguientes son discontinuas:

a)

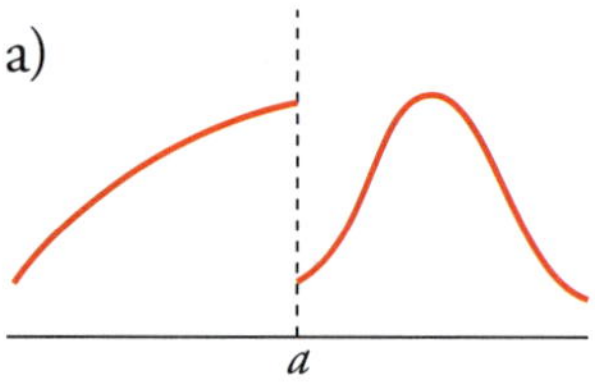

b)

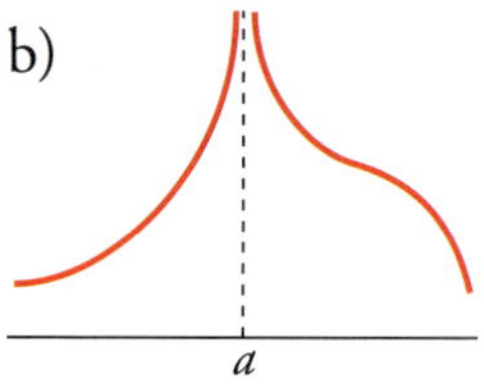

c)

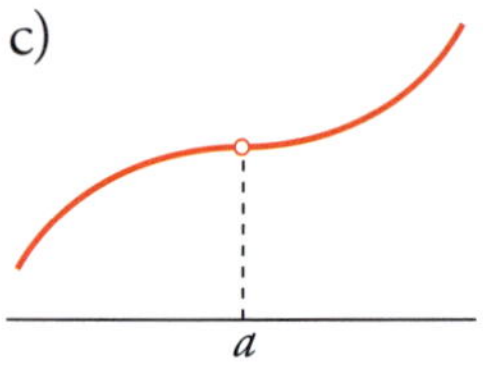

¿Por qué son discontinuas?

a) Presenta un salto en el punto de abscisa a.

b) Tiene ramas infinitas en el punto a. Es decir, los valores de la función crecen indefinidamente cuando la x se aproxima a a.

c) Le falta un punto. Es decir, no está definida en $x = a$.

Ten en cuenta

El intervalo en el cual se define una función continua puede ser cerrado, abierto o semiabierto.

> Una función es **continua** cuando no presenta discontinuidades de ningún tipo.
>
> Una función es **continua en un intervalo** $[a, b]$ si no presenta ninguna discontinuidad en él.

Ejemplos

Hay muchos aparcamientos que siguen cobrando "por horas". Esto quiere decir que solo por entrar ya se paga 1 h. Si se está 1 h y 10 min se pagan 2 h. La primera de las dos gráficas siguientes describe esta forma de pago. Es una función con varios puntos de discontinuidad por saltos.

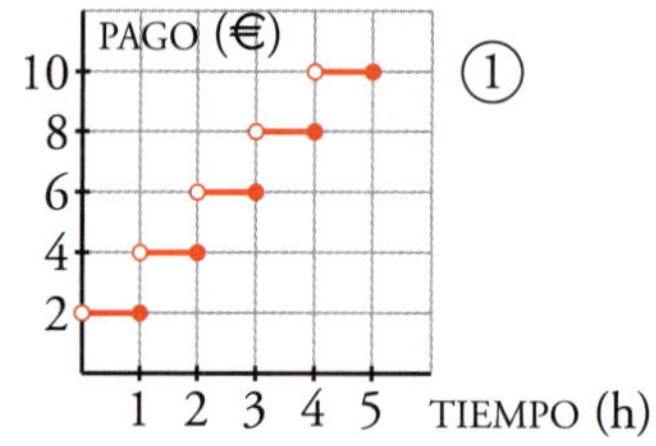

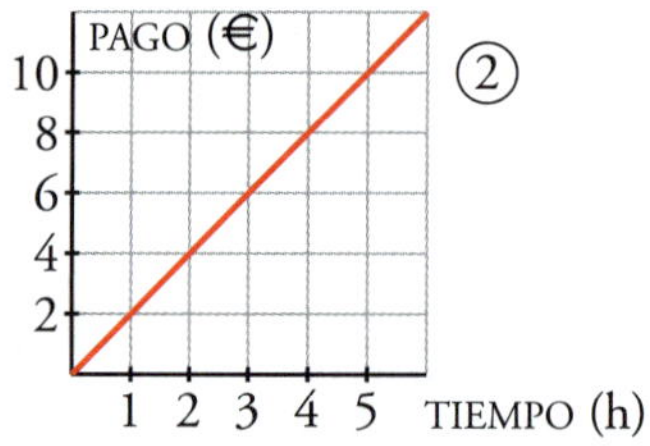

Los usuarios prefieren que las tarifas se rijan por la función cuya gráfica es la ②. Evidentemente, es continua. Las siguientes presentan ejemplos de discontinuidad:

Esta, porque tiene ramas infinitas.

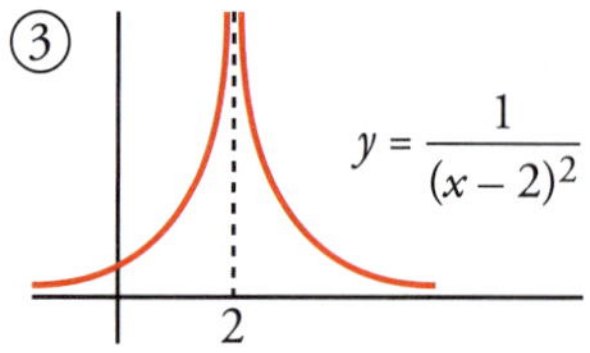

Y esta, porque le falta un punto.

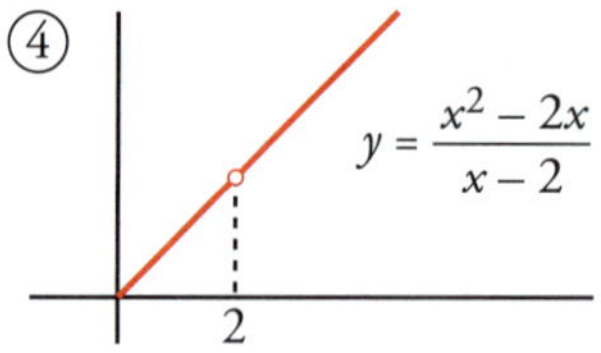

Observación importante

En una función continua, a "pequeñas" variaciones de la x corresponden variaciones también "pequeñas" de la y. Mientras que en los puntos de discontinuidad (con salto) una pequeña variación de la x (un minuto más en el aparcamiento) puede producir una variación grande (2 €) en la y.

Observa

$$y = \frac{x^2 - 2x}{x - 2} = \frac{x(x-2)}{x-2} = x$$

Es decir, $y = x$ si $x \neq 2$, porque no podemos dividir por cero. Por eso dejamos un hueco en ese punto.

Piensa y practica

1. Construye una función similar a la ①, pero para el caso de que se pague 1 € cada media hora. ¿Cuál de las opciones de pago te parece más justa?

2. Analiza la función ③ para valores "próximos a 2". Comprueba que cuando x vale 1,9; 1,99; 1,999; 2,01; 2,001, la y toma valores "muy grandes".

4 Crecimiento, máximos y mínimos

La función f es **creciente** en este intervalo porque:

si $x_1 < x_2$, entonces $f(x_1) < f(x_2)$

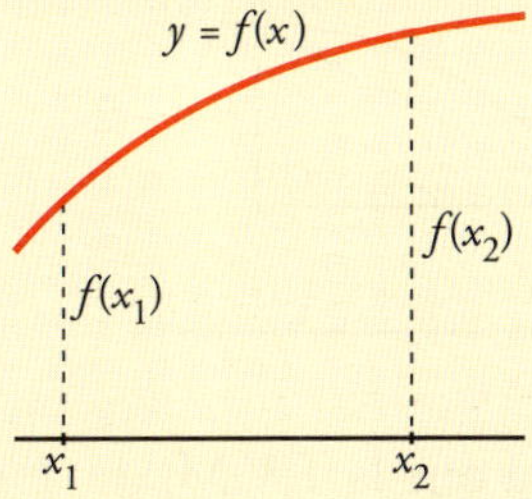

Análogamente, la función f es **decreciente** en este intervalo porque:

si $x_1 < x_2$, entonces $f(x_1) > f(x_2)$

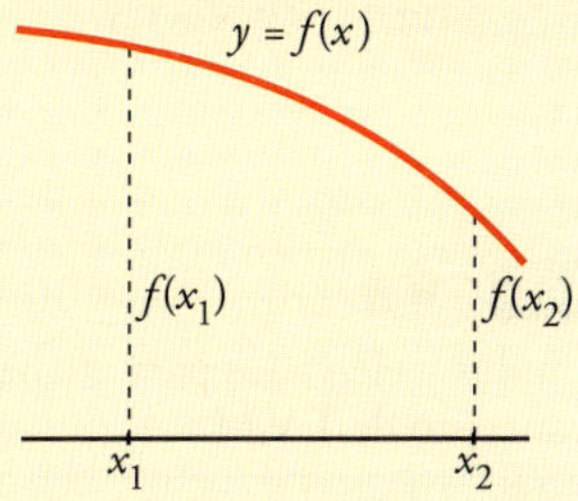

Una función puede ser creciente en unos intervalos y decreciente en otros.

Una función tiene un **máximo relativo** en un punto cuando en él la función toma un valor mayor que en los puntos próximos. En tal caso, la función es creciente hasta el máximo y decreciente a partir de él.

Análogamente, si f tiene un **mínimo relativo** en un punto, es decreciente antes del punto y creciente a partir de él.

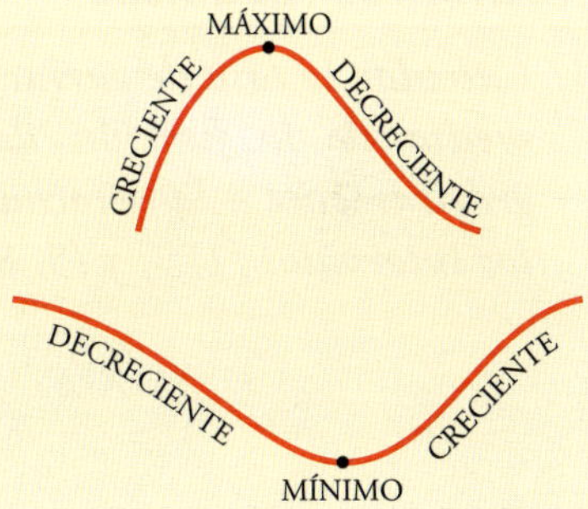

La función puede tomar en otros puntos valores mayores que un máximo relativo y menores que un mínimo relativo.

Ejercicio resuelto

Indicar los intervalos en los que es creciente y en los que es decreciente la función de la derecha dada gráficamente.

¿Cuáles son sus máximos y sus mínimos relativos?

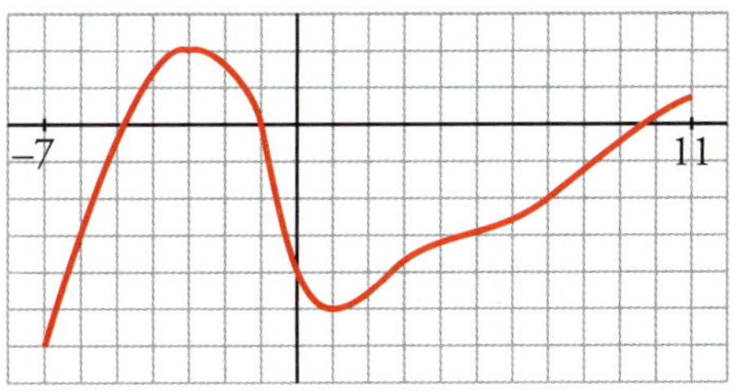

La función está definida en el intervalo [–7, 11].

Es creciente en los intervalos [–7, –3] y [1, 11].

Es decreciente en el intervalo [–3, 1].

Tiene un máximo relativo en el punto de abscisa –3. Su valor es 2.

Tiene un mínimo relativo en el punto de abscisa 1. Su valor es –5.

Hay puntos en los que la función toma valores menores que en el mínimo relativo. Por ejemplo, para $x = -7$, la función toma el valor –6.

Piensa y practica

1. Observa la función de la derecha y responde:

a) ¿En qué intervalos es creciente y en cuáles es decreciente?

b) ¿Cuáles son sus máximos y sus mínimos relativos?

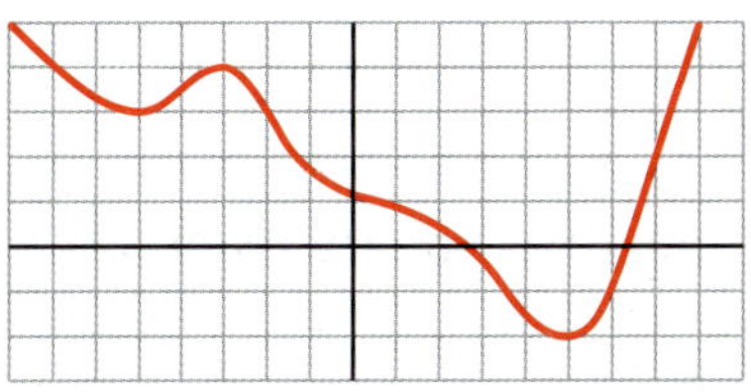

5 Tasa de variación media (T.V.M.)

Para medir la rapidez de variación (aumento o disminución) de una función en un intervalo, se utiliza la **tasa de variación media** o **T.V.M.**

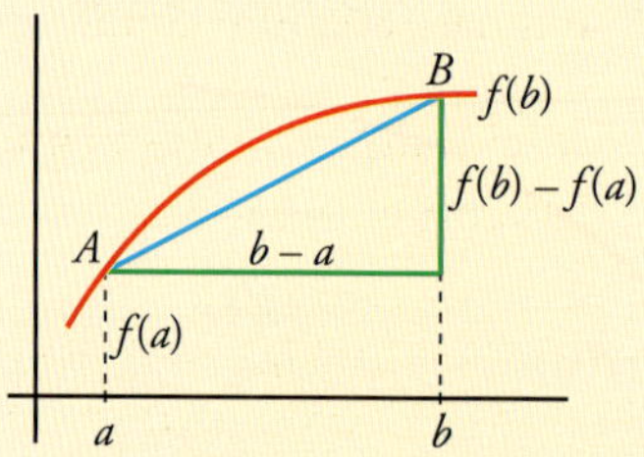

Se llama tasa de variación media de la función f en el intervalo $[a, b]$ al cociente entre la variación de la función y la longitud del intervalo.

$$\text{T.V.M. de } f \text{ en } [a, b] = \frac{f(b) - f(a)}{b - a}$$

Observa que la T.V.M. de f en $[a, b]$ es la pendiente del segmento AB.

En la web Ejemplos y ejercicios para afianzar el concepto de T.V.M.

Un interesante caso de T.V.M. es la velocidad media: $\dfrac{\text{distancia recorrida}}{\text{tiempo transcurrido}}$.

Problemas resueltos

1. ***Calcular la tasa de variación media de la función dada gráficamente a la derecha en los intervalos [1, 5] y [5, 8].***

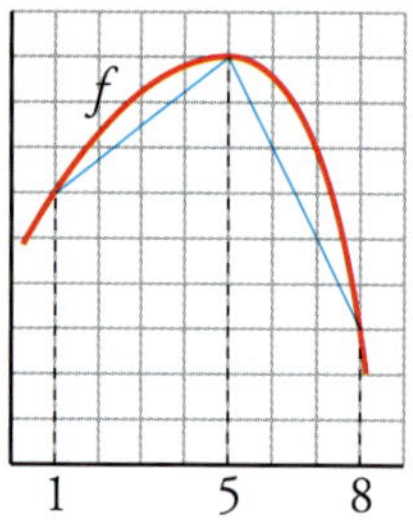

En la figura vemos que:

$f(1) = 6,\ f(5) = 9,\ f(8) = 3$. Por tanto:

$$\text{T.V.M. de } f \text{ en } [1, 5] = \frac{f(5) - f(1)}{5 - 1} = \frac{9 - 6}{4} = \frac{3}{4}$$

$$\text{T.V.M. de } f \text{ en } [5, 8] = \frac{f(8) - f(5)}{8 - 5} = \frac{3 - 9}{3} = \frac{-6}{3} = -2$$

2. ***Hallar la T.V.M. de la función $y = x^2 - 4x + 5$ en los intervalos [2, 4] y [0, 3].***

$$\text{T.V.M. en } [2, 4] = \frac{f(4) - f(2)}{4 - 2} = \frac{5 - 1}{4 - 2} = \frac{4}{2} = 2$$

$$\text{T.V.M. en } [0, 3] = \frac{f(3) - f(0)}{3 - 0} = \frac{2 - 5}{3 - 0} = \frac{-3}{3} = -1$$

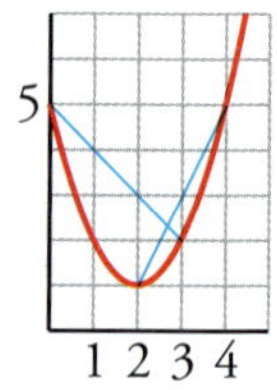

3. ***La altura de una piedra lanzada hacia arriba viene dada por la ecuación $a = 40t - 5t^2$ (a, en m; t, en s). Hallar la velocidad media en los intervalos [0, 2] y [4, 6].***

$$\text{T.V.M. en } [0, 2] = \frac{a(2) - a(0)}{2 - 0} = \frac{60 - 0}{2} = 30 \text{ m/s}$$

$$\text{T.V.M. en } [4, 6] = \frac{a(6) - a(4)}{6 - 4} = \frac{60 - 80}{2} = -10 \text{ m/s}$$

La velocidad se considera positiva cuando la piedra sube y negativa cuando la piedra baja.

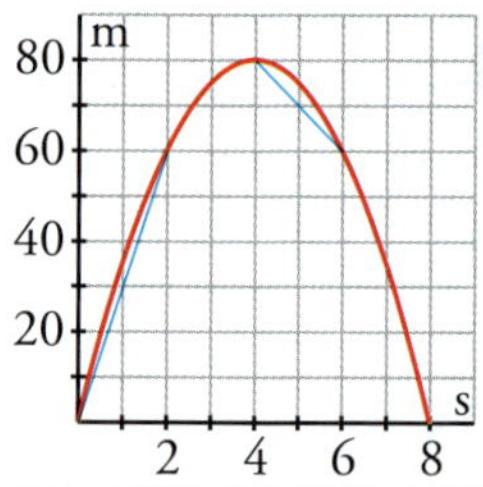

Piensa y practica

1. 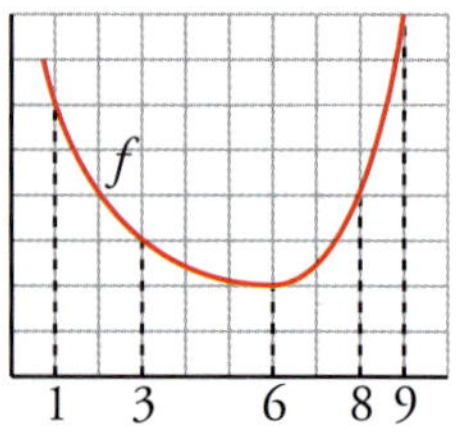

Halla la tasa de variación media (T.V.M.) de la función f representada, en los intervalos [1, 3], [3, 6], [6, 8], [8, 9] y [3, 9].

2. Halla la T.V.M. de la función $y = x^2 - 4x + 5$ (PROBLEMA RESUELTO 2) en [0, 2], [1, 3] y [1, 4].

3. Halla la velocidad media de la piedra del PROBLEMA RESUELTO 3 en los intervalos [0, 1], [0, 3], [3, 4] y [4, 8].

6 Tendencia

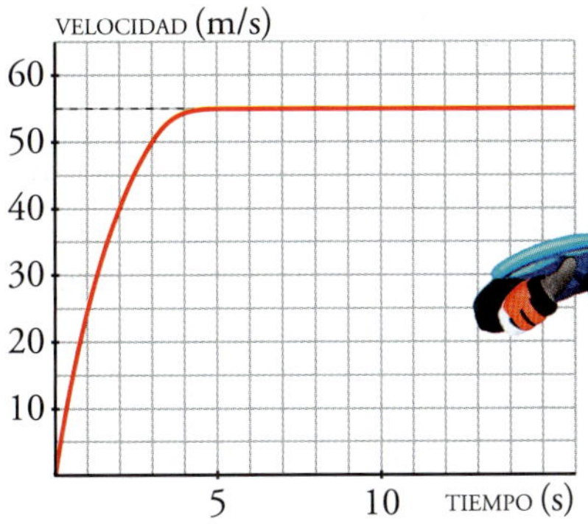

Un paracaidista salta de un avión a una determinada altura. Su velocidad crece muy rápido al principio, pero según pasa el tiempo, tiende a estabilizarse debido a que la fuerza del rozamiento del aire se iguala a la gravedad.

En el margen tienes la gráfica de la función que relaciona la velocidad con el tiempo.

Observamos que la velocidad a partir de un cierto momento se estabiliza alrededor de un valor. Podemos afirmar que:

Al pasar el tiempo, la velocidad tiende a 55 m/s (198 km/h).

Límite de una función

Estas tendencias se conocen como **límites de funciones.** En bachillerato aprenderás a reconocerlas y a calcularlas.

Hay funciones en las que, aunque solo conozcamos un trozo de ellas, podemos predecir cómo se comportan lejos del intervalo en que han sido estudiadas, porque tienen **ramas** con una **tendencia** muy clara.

Ejercicios resueltos

1. ***Al limpiar el congelador, ha quedado en un vaso un trozo de hielo. Representar la gráfica de la variación de la temperatura de ese agua sabiendo que el hielo sale del congelador a –10 °C, y tarda media hora en ponerse a 0 °C y 2 h más en descongelarse. La temperatura exterior es de 20 °C.***

El hielo sube su temperatura hasta llegar a 0 °C. A partir de ahí, se descongela poco a poco manteniendo la temperatura de 0 °C hasta que se licúa por completo. Después, aumenta la temperatura del agua que tiende a igualarse con la de la habitación en la que se encuentra.

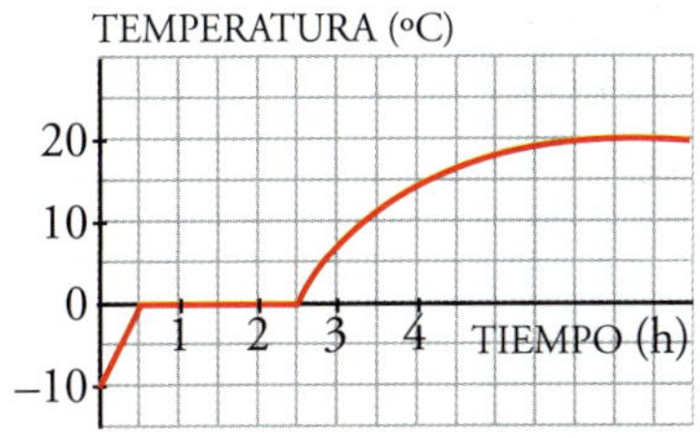

2. ***¿A cuánto tiende el volumen de un cubo cuando crece su arista?***

El volumen de un cubo en función de su arista es $V = l^3$. Cuanto más grande sea la arista, mayor será el volumen.

Es decir, el volumen crece indefinidamente. Esto se expresa del siguiente modo:

Cuando la arista crece indefinidamente, el volumen tiende a infinito.

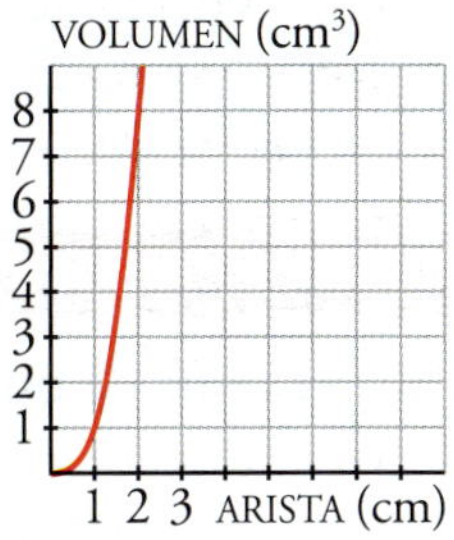

Piensa y practica

1. La cantidad de radiactividad que posee una sustancia se reduce a la mitad cada año. La gráfica adjunta describe la cantidad de radiactividad que hay en una porción de esa sustancia al transcurrir el tiempo.

¿A cuánto *tiende* la radiactividad con el paso del tiempo?

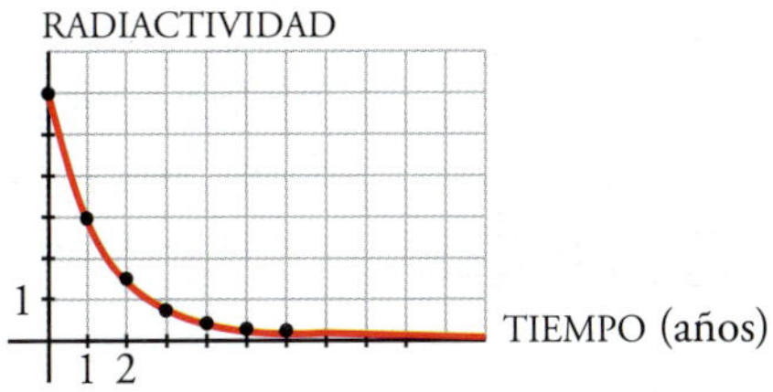

7 Periodicidad

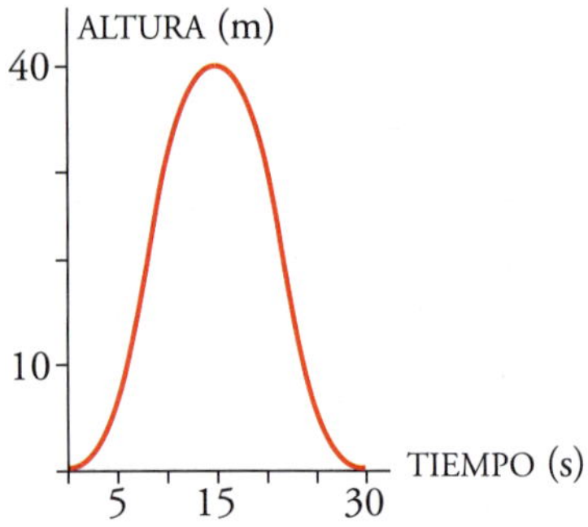

En el margen se ha representado la variación de la altura de un cestillo de una noria cuando esta da una vuelta. Tarda medio minuto (30 segundos), y en ese tiempo sube, llega al punto más alto, baja y llega al suelo. Pero este movimiento se repite una y otra vez. Su representación gráfica es esta:

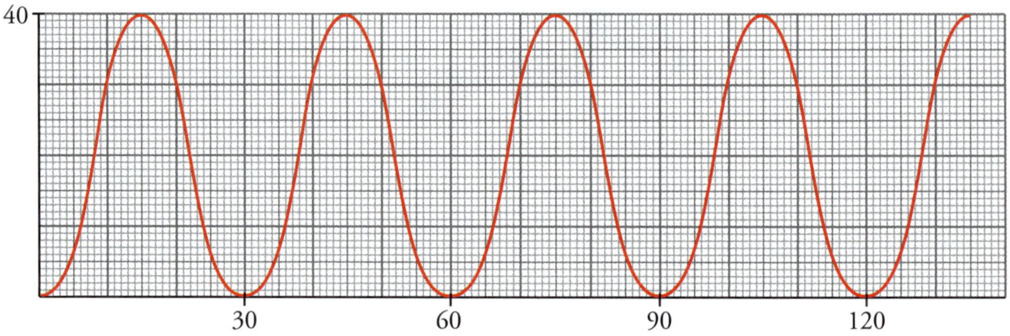

En esta función, lo que ocurre en el intervalo [0, 30] se repite reiteradamente. Se trata de una *función periódica* de *periodo* 30.

Función periódica es aquella cuyo comportamiento se repite cada vez que la variable independiente recorre un cierto intervalo. La longitud de ese intervalo se llama **periodo.**

En la web Ejemplos de funciones periódicas y cálculo de periodos.

Ejercicio resuelto

En este gráfica se representa el comienzo de una función periódica de periodo 7. Averiguar los valores de esa función en los puntos de abscisas $a = 10$; $b = 19$; $c = 418,5$ y $d = 1778$.

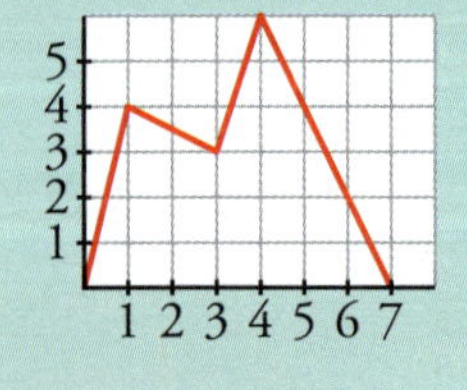

$a = 10 \rightarrow f(10) = f(3) = 3$ (pues $10 = 7 \cdot 1 + 3$, y cada 7 unidades se repite el valor de la función)

$b = 19 \rightarrow f(19) = f(5) = 4$ (pues $19 = 7 \cdot 2 + 5$)

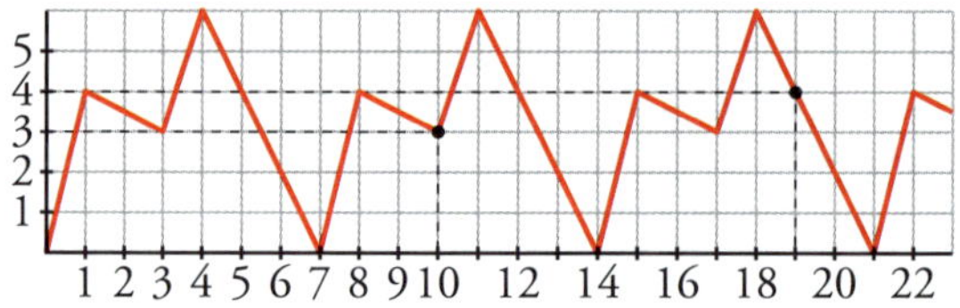

$c = 418,5 \rightarrow f(418,5) = f(5,5) = 3$ (pues $418,5 = 7 \cdot 59 + 5,5$)

$d = 1778 \rightarrow f(1778) = f(0) = 0$ (pues $1778 = 7 \cdot 254$)

Piensa y practica

1. La cisterna de unos servicios públicos se llena y se vacía, automáticamente, cada dos minutos, siguiendo el ritmo de la gráfica adjunta.

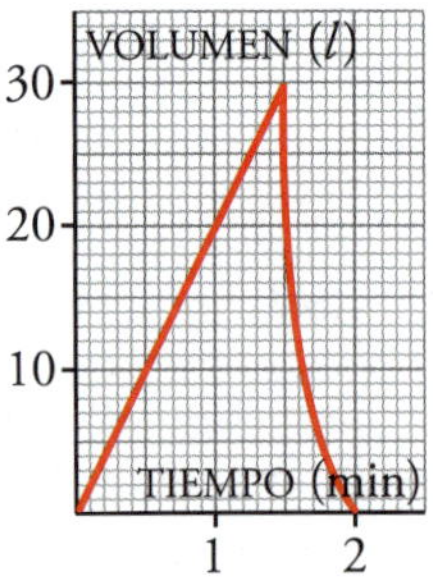

a) Dibuja la gráfica correspondiente a 10 min.

b) ¿Cuánta agua habrá en la cisterna en los siguientes instantes?

I) 17 min II) 40 min 30 s
III) 1 h 9 min 30 s

2. Representa en unos ejes la altura a la que está el niño con el paso del tiempo, si cada balanceo (ida y vuelta) dura 4 segundos.

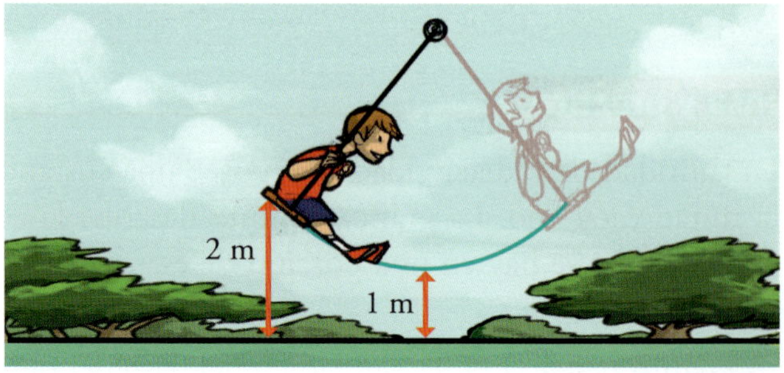

Ejercicios y problemas

Practica

Interpretación de gráficas

1. La siguiente gráfica relaciona la resistencia de un tipo de sedal de pesca con su grosor:

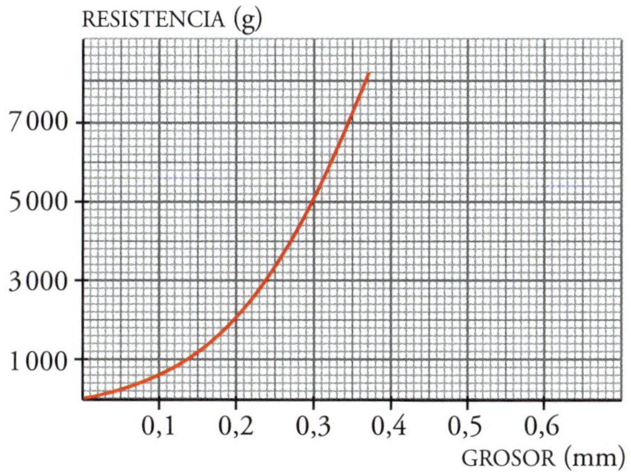

a) ¿Qué grosor debe tener el sedal de un pescador que quiera pescar truchas que no superen los 2 kg?

b) ¿Con cuántos gramos se podría romper un sedal de 0,22 de grosor? ¿Y de 0,35 mm?

2. Hemos sacado de la nevera un vaso con agua. Esta gráfica muestra la temperatura del agua (en grados centígrados) al pasar el tiempo:

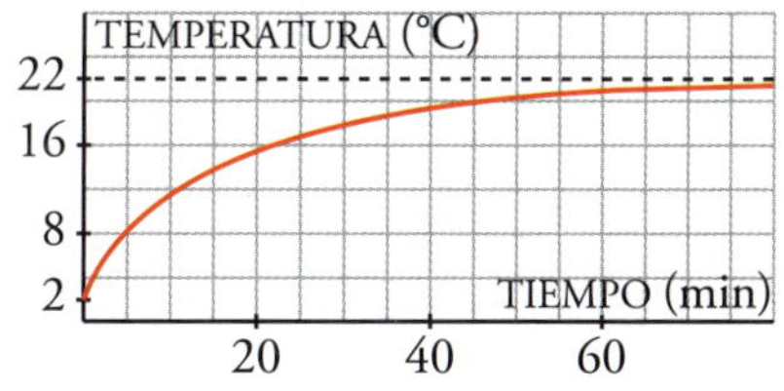

a) ¿Qué temperatura hay dentro de la nevera? ¿Y fuera?

b) Sacamos del microondas un vaso con agua a 98 °C. Dibuja una gráfica que muestre la temperatura del agua al pasar el tiempo.

3. Esta curva muestra la audiencia de televisión en España en un día promedio de abril de 2016. ¿Cuáles son los momentos de más audiencia? Descríbela.

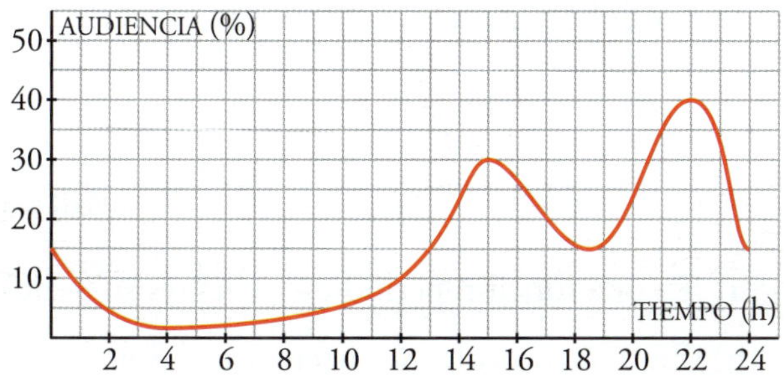

Enunciados, fórmulas y tablas

4. Cuando una persona sana toma 50 g de glucosa en ayunas, su glucemia (% de glucosa en la sangre) se eleva, en una hora aproximadamente, desde 90 mg/*dl*, que es el nivel normal, hasta 120 mg/*dl*. Luego, en las 3 h siguientes, disminuye hasta valores algo por debajo del nivel normal, y vuelve a la normalidad al cabo de 5 h.

a) Representa la curva de glucemia en el tramo desde que ingiere la glucosa hasta que vuelve a su nivel normal.

b) Indica en qué momentos alcanza su máximo y en cuáles su mínimo.

5. Un nadador se deja caer desde un trampolín. Su entrenador ha medido el espacio que recorre cada cuatro décimas de segundo mediante un método fotográfico. Obtiene la siguiente tabla:

TIEMPO (s)	0	0,4	0,8	1,2	1,6	2	2,4	2,8
ESPACIO (m)	0	0,8	3,1	7,1	12,5	14	14,5	15

El nadador frena por completo a los 15 m.

a) Representa la gráfica *espacio-tiempo*.

b) ¿Podrías decir en qué momento entró en el agua?

c) ¿Qué velocidad estimas que llevaba en el momento de entrar en el agua?

d) ¿Qué altura tiene el trampolín?

6. El aumento, A, del tamaño de un objeto que se mira a través de una lupa viene dado por esta fórmula y la gráfica de la derecha:

$$A = \frac{2}{2-d}$$

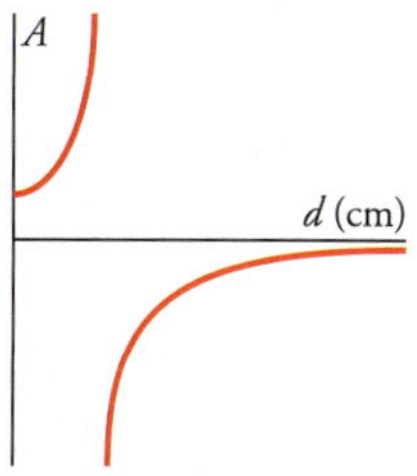

La variable d es la distancia de la lupa al objeto, en cm, y la variable A es el aumento (número por el que se multiplica el tamaño real).

a) Calcula el tamaño aparente, A, de un objeto para los siguientes valores de d:

0; 0,5; 1; 1,5; 1,9; 1,99

b) Para $d = 4$ se obtiene $A = -1$. Eso significa que el objeto se ve del mismo tamaño, pero invertido. Interpreta los valores de A para estos valores de d:

10; 5; 2,4; 2,1; 2,01

Ejercicios y problemas

Características de una función

7. Observa esta función y halla su T.V.M. en los intervalos [0, 4], [0, 5], [5, 7], [0, 7], [−4, 0] y [−4, −2].

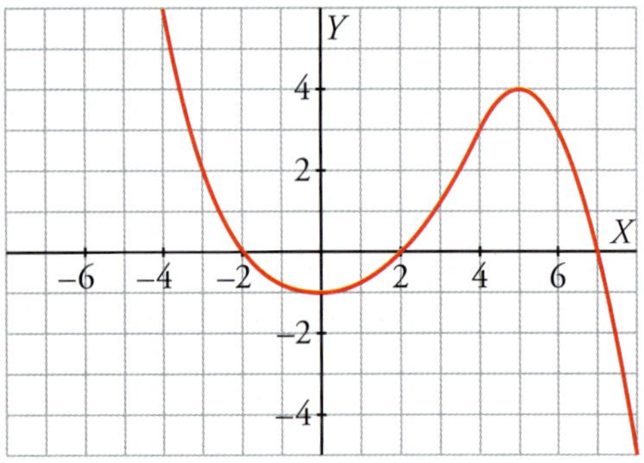

Copia en tu cuaderno la gráfica y dibuja en cada caso el segmento del cual estás hallando la pendiente.

8. Halla la T.V.M. de $y = 3x^3 + 9x^2 - 3x - 9$ en los intervalos [−2, 0], [−1, 0], [−3, −1] y [0, 1].

9. Explica por qué es periódica esta función:

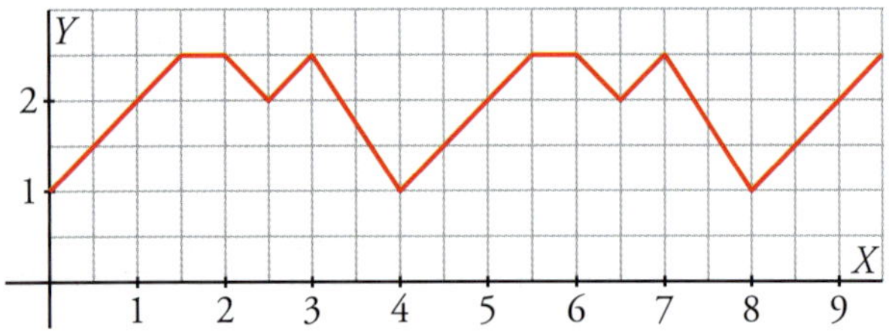

Da su periodo y los valores de la función en los puntos de abscisas $x = 1$, $x = 3$, $x = 20$, $x = 23$ y $x = 42$.

10. Observa estas gráficas discontinuas y contesta:

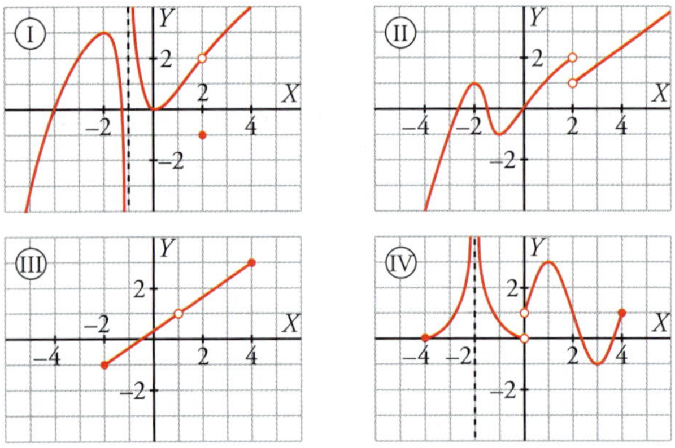

a) ¿Cuáles son los puntos de discontinuidad? Explica la razón de discontinuidad en cada punto.

b) ¿Cuál es su dominio de definición?

c) Indica, si tiene, los máximos y los mínimos relativos.

d) ¿En qué intervalos es creciente? ¿Y decreciente?

Piensa y resuelve

11. Observa las siguientes gráficas de funciones:

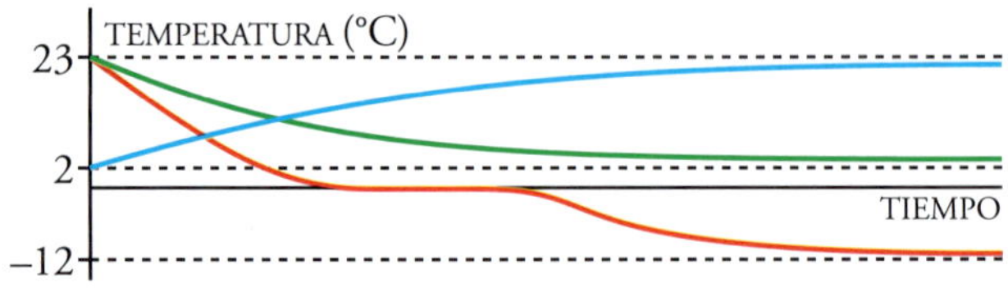

a) Relaciona cada curva con estos enunciados sobre la temperatura de un vaso de agua:

I. Cuando pasa de la mesa a la nevera.

II. Cuando se saca de la nevera y se deja en la mesa.

III. Cuando pasa de la mesa al congelador.

b) ¿A qué temperatura está la casa? ¿Y el congelador? ¿Y la nevera?

12. El entrenador de tres nadadores, A, B y C, ha medido cada 5 minutos las distancias recorridas hasta ese momento por cada uno de ellos:

TIEMPO (min)	5	10	15	20	25	30
DISTANCIA A (m)	95	235	425	650	875	1 100
DISTANCIA B (m)	250	500	750	1 000	1 250	1 500
DISTANCIA C (m)	360	710	1 020	1 300	1 490	1 600

a) En unos mismos ejes, dibuja la gráfica *distancia-tiempo* de los tres nadadores. Descríbelas.

b) ¿Hubo algún adelantamiento durante los 30 min?

c) Calcula la velocidad media de cada uno.

13. La órbita del cometa Halley es una elipse muy excéntrica, uno de cuyos focos es el Sol. Esta curva representa la función que relaciona la distancia del cometa al Sol con el paso del tiempo:

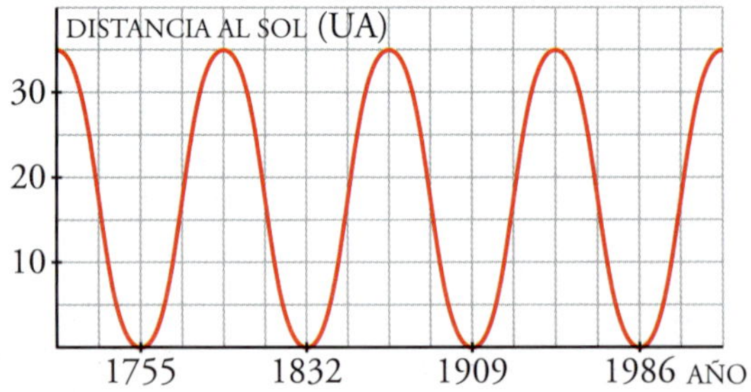

a) ¿Es una función periódica? ¿Cuál es su periodo?

b) ¿En qué año volverá a acercarse al Sol?

14. La gráfica adjunta describe el valor de una empresa desde que se fundó.

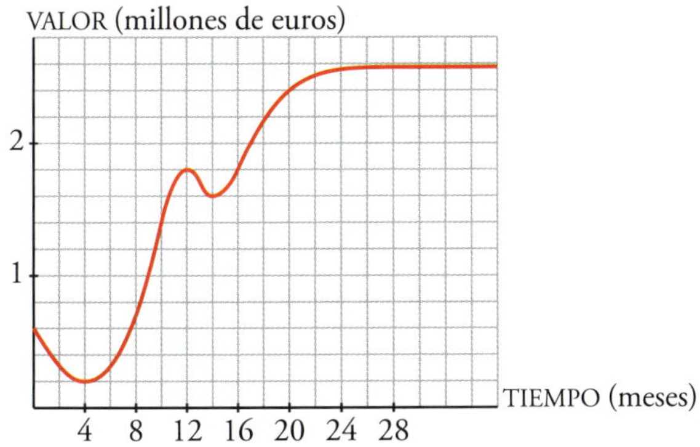

a) ¿Cuál era su valor en el momento de la apertura?

b) ¿A cuánto se redujo su valor después de 4 meses?

c) ¿Cuál es la T.V.M. en el intervalo [4, 12]? Da el resultado en miles de euros por mes.

d) ¿Cuál parece la tendencia de esta función para los próximos meses?

e) Haz una descripción global del valor de esta empresa en sus tres primeros años.

15. Dos compañías telefónicas, A y B, tienen diferentes tarifas. Observa las gráficas y contesta:

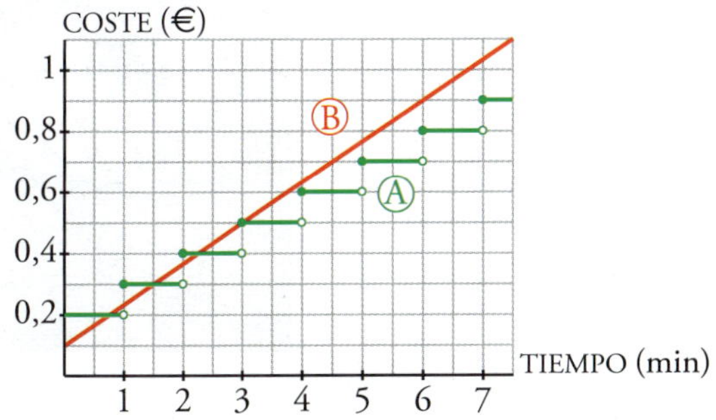

a) Determina cuánto vale una llamada de 3 min con cada compañía. ¿Y una de media hora?

b) Razona por qué elegirías una u otra compañía.

16. Con una cartulina que mide 40 cm × 30 cm queremos construir una caja. Para ello, cortamos un cuadrado de lado x en cada esquina.

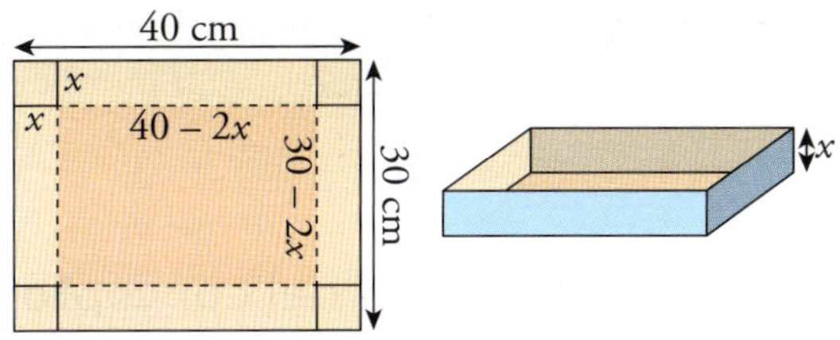

Halla la función que relaciona el volumen de la caja con la longitud del lado de los cuadrados cortados.

17. Dibuja un cuadrado $ABCD$ de 7 cm de lado. Sobre el lado AB, marca un punto P que diste x de A, y dibuja un nuevo cuadrado $PQRS$ inscrito en el anterior.

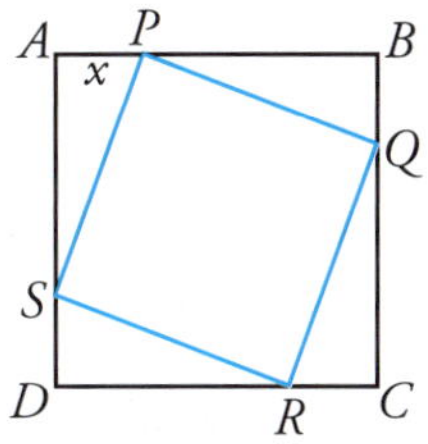

a) Observa que si el valor de x es 3 cm, entonces $\overline{AS} = 7 - 3 = 4$ cm. ¿Cuánto mide $\overline{PS}$? ¿Cuál es el área del nuevo cuadrado?

b) Construye la gráfica de la función que relaciona x (con valores de 0 a 7) con el área del cuadrado inscrito.

18. En un cuadrado $ABCD$ de lado 1 dm dibuja la diagonal AC. Para cada punto P de esta diagonal, se forma un rectángulo, como en la figura.

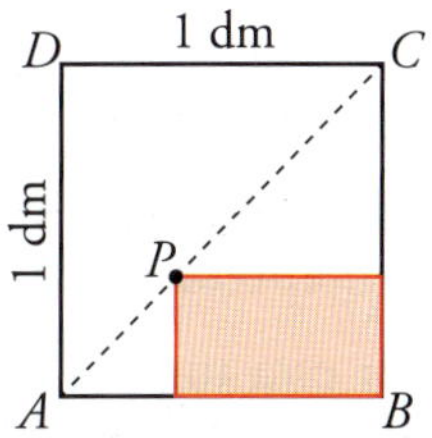

a) Halla el área del rectángulo cuando P dista de AB: 1/4 dm, 1/2 dm y 3/4 dm.

b) Dibuja la gráfica de la función que relaciona la distancia de P a AB con el área del rectángulo.

Curiosidades matemáticas

Juego para dos

Se colocan 15 fichas sobre la mesa, como en el dibujo de la izquierda.

Cada jugador retira, por turno, y según su elección, una, dos o tres fichas cualesquiera. Quien retire la última, pierde.

Experimenta el juego y analiza lo que ocurre, cuándo se gana y cuándo se pierde.

Después, redacta por escrito lo que has descubierto:

- ¿Lleva ventaja el jugador que sale?
- ¿Cuál es la mejor jugada para empezar?
- ¿Cuál es la estrategia ganadora?
- …

9 Funciones elementales

Buscando la precisión del concepto

Después de Euler aún siguió, entre los matemáticos, la discusión sobre qué requisitos eran imprescindibles para definir una función y cuáles no. En 1923 se llegó a la siguiente definición, muy parecida a la que se usa actualmente.

> Se dice que y es una función de x si a cada valor de x le corresponde un valor de y. Esta correspondencia se indica mediante la ecuación $y = f(x)$.

Funciones poco honestas, según Poincaré

Pero en esa búsqueda de la precisión, se generaron una serie de funciones estrafalarias que llevaron a **Poincaré,** en el año 1899, a decir:

> "Durante medio siglo hemos visto una masa de funciones extrañas construidas de modo que se parezcan lo menos posible a las *funciones honestas* que sirven a algún propósito. Antes, cuando se inventaba alguna función, era con alguna meta práctica. Hoy son inventadas con el fin de mostrar que el razonamiento de nuestros antecesores fue erróneo".

En esta unidad vamos a dedicarnos a esas *funciones honestas* que propugnaba el gran Poincaré, esas funciones que sirven para algo más que para construir o desmontar conceptos.

Henri Poincaré (1854-1912) es uno de los grandes matemáticos de la historia. Sus contribuciones abarcan todos los ámbitos de la disciplina matemática.

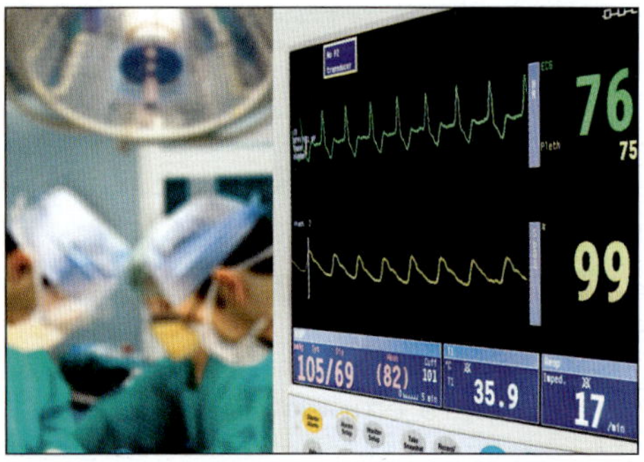

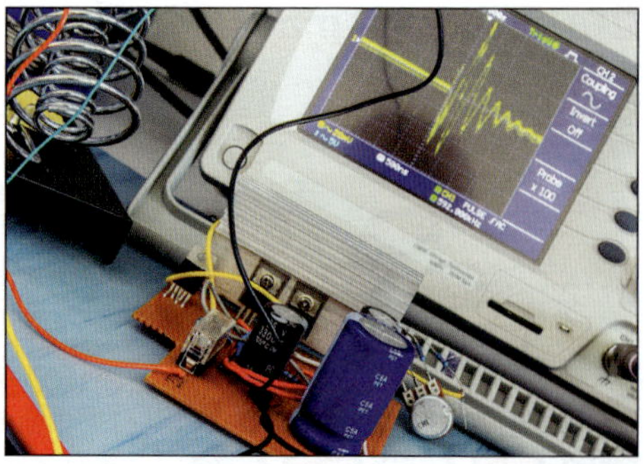

El uso de "funciones honestas" está extendido en múltiples campos del conocimiento humano: medicina, economía, tecnología…

1 Funciones lineales

Funciones lineales en la vida cotidiana

La naturaleza, la ciencia, la técnica, la economía... están plagadas de funciones en las que *las variaciones de las causas influyen proporcionalmente en las variaciones de los efectos*. Todas estas funciones se llaman **lineales** y se representan mediante rectas. Veamos algunos ejemplos:

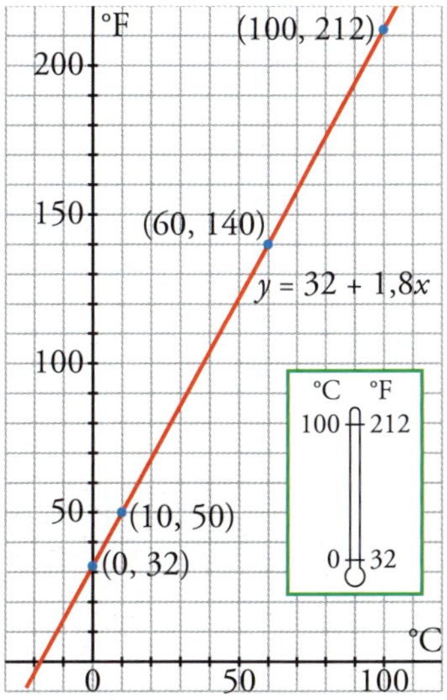

RELACIÓN ENTRE LA TEMPERATURA EN °C Y EN °F (FAHRENHEIT)

Un europeo en EE.UU. realiza la siguiente experiencia: mide distintas temperaturas con dos termómetros, uno en grados centígrados (°C) y otro en grados Fahrenheit (°F). He aquí algunos resultados:

0 °C → 32 °F, 10 °C → 50 °F, 60 °C → 140 °F, 100 °C → 212 °F

Llamando:

x = temperatura en °C

y = temperatura en °F

los resultados anteriores responden a la relación $y = 32 + 1{,}8x$. (Compruébalo).

Por ejemplo:

— A 30 °C le corresponden $32 + 1{,}8 \cdot 30 = 86$ °F.

— A 100 °F le corresponden $100 = 32 + 1{,}8x \;\rightarrow\; x = \dfrac{100 - 32}{1{,}8} = 37{,}\widehat{7}$ °C

ALARGAMIENTO DE UN MUELLE

Si de un muelle colgamos distintas pesas, se producen diversos alargamientos. Es decir, la *longitud del muelle* es función del *peso* que se cuelga. Y es interesante destacar que esta función es lineal.

En concreto, supongamos que el muelle sin estirar mide 30 cm y que se alarga 15 cm por cada kilogramo que colguemos. La relación es:

$y = 30 + 15x$ (y: longitud en cm; x: peso en kg)

El dominio de definición de esta función es [0, 6], suponiendo que para pesos de más de 6 kg el muelle se deteriora.

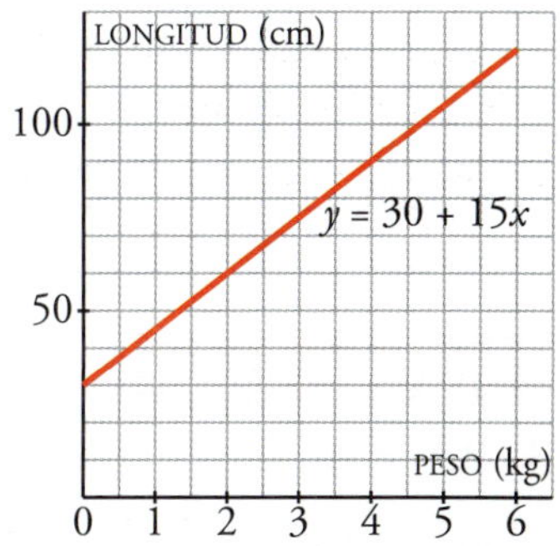

Piensa y practica

1. Copia y completa, en tu cuaderno, las igualdades siguientes:

a) –50 °C = … °F

b) 95 °F = … °C

2. Un termómetro clínico abarca temperaturas desde 35 °C a 41 °C. ¿Cuál es la gama en °F?

3. La temperatura normal de una persona sana es de 36,5 °C. ¿Cuál es en °F?

4. a) ¿Qué longitud alcanzará el muelle del ejemplo anterior si le colgamos una pesa de 4,6 kg?

b) ¿Qué peso hay que colgar del muelle para que alcance una longitud de 1 m?

Distintos tipos de funciones lineales

Ejemplo

El espacio recorrido con movimiento uniforme (velocidad constante) en función del tiempo es:

$$e = v \cdot t$$

v es la pendiente de la recta que relaciona e con t.

■ **FUNCIÓN DE PROPORCIONALIDAD: $y = mx$**

Las funciones de proporcionalidad se representan mediante rectas que pasan por el origen. Describen una proporción entre los valores de las dos variables.

La pendiente de la recta es la razón de proporcionalidad, m.

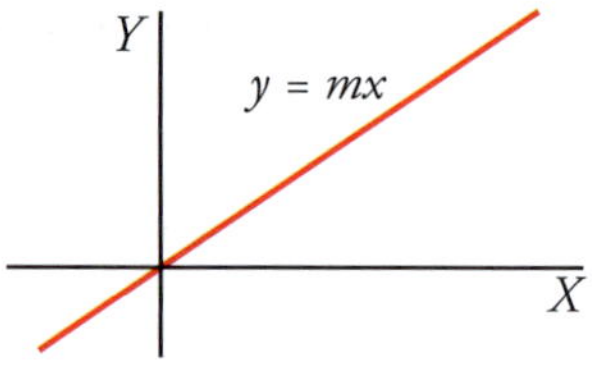

Ejemplos

- El precio de la comida en algunos restaurantes es constante, no depende de la cantidad que nos sirvamos.
- La distancia de un satélite artificial a la Tierra es constante, no varía con el tiempo.

■ **FUNCIÓN CONSTANTE: $y = n$**

Se representa mediante una recta paralela al eje X. Su pendiente es 0.

La recta $y = 0$ coincide con el eje X.

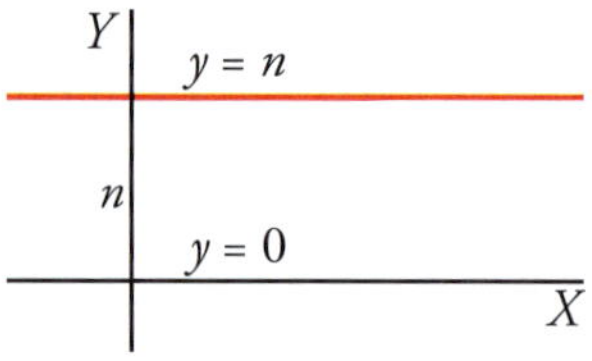

En estas rectas, todos los puntos tienen la misma ordenada. Por ejemplo, (2, 5), (6, 5), (11, 5) son puntos de la recta $y = 5$.

En la web

- Representación de rectas a partir de su expresión analítica.
- Repaso del concepto de pendiente.
- Estudio de rectas a partir de los parámetros m y n.

■ **EXPRESIÓN GENERAL: $y = mx + n$**

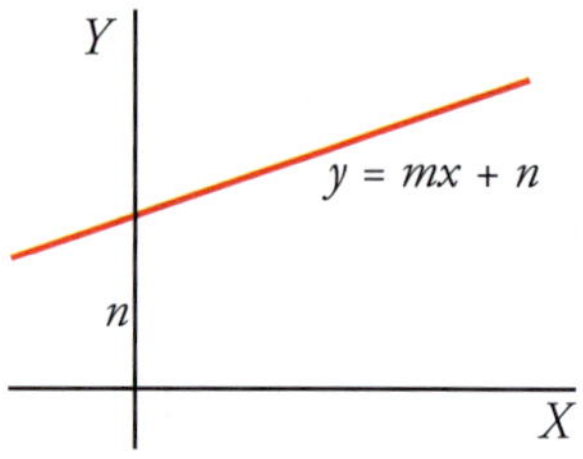

Su representación es una recta de pendiente m que corta al eje Y en el punto $(0, n)$. Al número n se le llama **ordenada en el origen.**

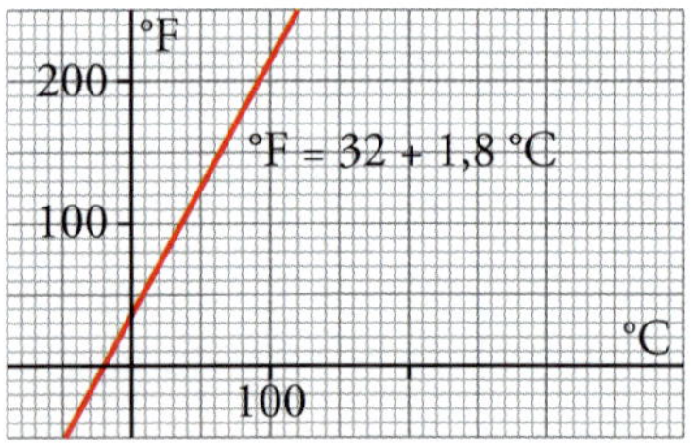

Por ejemplo, la recta °F = 32 + 1,8 °C, representada en el margen, permite pasar de una temperatura en grados centígrados, °C, a la correspondiente en grados Fahrenheit, °F.

Piensa y practica

5. Representa:

a) $y = 2x$ b) $y = \frac{2}{3}x$ c) $y = -\frac{1}{4}x$ d) $y = -\frac{7}{3}x$

6. Representa:

a) $y = 3$ b) $y = -2$ c) $y = 0$ d) $y = -5$

7. Representa:

a) $y = 2x - 3$ b) $y = \frac{2}{3}x + 2$

c) $y = -\frac{1}{4}x + 5$ d) $y = -3x - 1$

8. Un móvil, en el instante inicial, se encuentra situado a 3 m del origen y se aleja progresivamente de este con una velocidad de 2 m/s.

Halla la ecuación de su posición en función del tiempo y represéntala.

9. Un móvil, que en el instante inicial llevaba una velocidad de 8 m/s, frena de repente con una aceleración de –1 m/s^2.

Escribe la ecuación de la velocidad en función del tiempo y represéntala.

Ecuación de una recta en la forma punto-pendiente

Atención

Esta fórmula es muy útil. ¡Aprende a usarla!

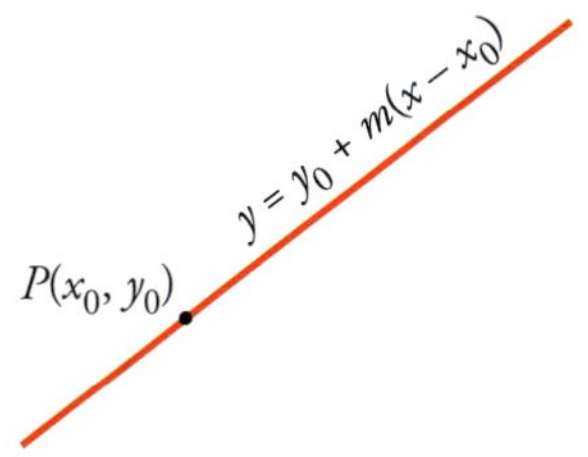

Con mucha frecuencia hemos de escribir la ecuación de una recta de la cual conocemos un punto y la pendiente. La damos a continuación:

Punto: $P(x_0, y_0)$	Pendiente: m	Ecuación: $y = y_0 + m(x - x_0)$

JUSTIFICACIÓN

- $y = y_0 + m(x - x_0)$ es una expresión de 1.er grado. Por tanto, **es una recta.**
- El coeficiente de la x es m. Por tanto, **su pendiente es** $\boldsymbol{m}$.
- Si damos a x el valor $x_0 \to y = y_0 + m(x_0 - x_0) = y_0 + m \cdot 0 = y_0$. Obtenemos $y = y_0$. Si $x = x_0$, entonces $y = y_0$. Es decir, **pasa por** $(\boldsymbol{x_0, y_0})$.

RECTA DADA POR DOS PUNTOS

Para hallar la ecuación de la recta que pasa por dos puntos, procedemos así:

- A partir de los dos puntos, obtenemos su pendiente.
- Con la pendiente y uno de los puntos, obtenemos la ecuación.

En la web

Actividades para repasar la ecuación punto-pendiente de una recta.

Ejercicio resuelto

Hallar la ecuación de cada una de las rectas siguientes:

a) Pasa por (–5, 7) y tiene una pendiente de $\frac{-3}{5}$.

b) Pasa por (0, 4) y tiene una pendiente de $\frac{7}{3}$.

c) Pasa por (–2, 7) y por (4, 5).

a) Ecuación: $y = 7 - \frac{3}{5}(x + 5)$. Esto ya es la ecuación de la recta.

Podemos simplificarla: $y = 7 - \frac{3}{5}x - \frac{3}{5} \cdot 5 \to y = 4 - \frac{3}{5}x$

b) $y = 4 + \frac{7}{3}x$. Observa que (0, 4) está en el eje Y. Es decir, 4 es la ordenada en el origen.

c) Empezamos hallando su pendiente: $m = \frac{5 - 7}{4 - (-2)} = \frac{-2}{6} = -\frac{1}{3}$

Ecuación de la recta que pasa por (–2, 7) y cuya pendiente es $-\frac{1}{3}$:

$$y = 7 - \frac{1}{3}(x + 2) \quad (*)$$

También podríamos hallarla a partir del otro punto:

Ecuación de la recta que pasa por (4, 5) y cuya pendiente es $-\frac{1}{3}$:

$$y = 5 - \frac{1}{3}(x - 4) \quad (**)$$

¿Coincidirán? ¡Naturalmente! Puedes comprobarlo simplificando las ecuaciones (*) y (**).

Piensa y practica

10. Halla la ecuación de cada una de las siguientes rectas:

a) Pasa por (–3, –5) y tiene una pendiente de $\frac{4}{9}$.

b) Pasa por (0, –3) y tiene una pendiente de 4.

c) Pasa por (3, –5) y por (–4, 7).

2 Funciones cuadráticas. Parábolas

Funciones cuadráticas

El curso pasado hicimos una suave introducción al estudio de las parábolas. Vamos, ahora, a repasar aquello y a avanzar un poco en su tratamiento.

Observa las siguientes parábolas con sus respectivas ecuaciones:

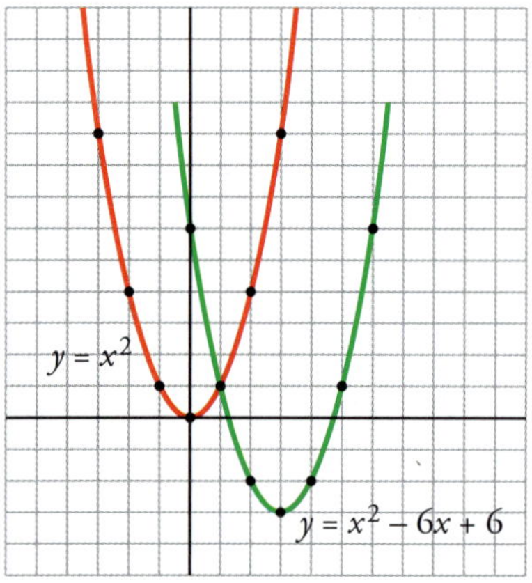

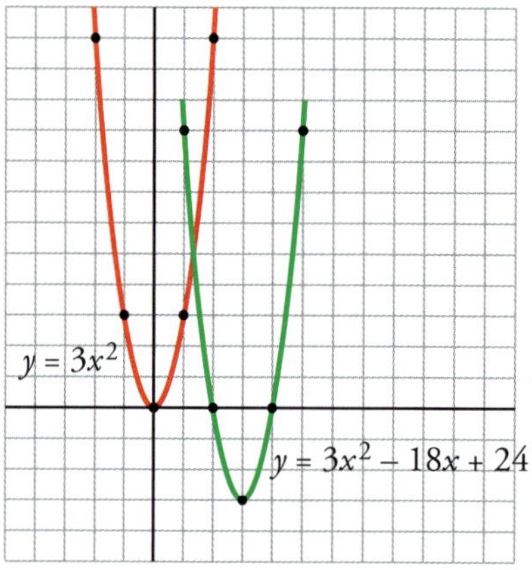

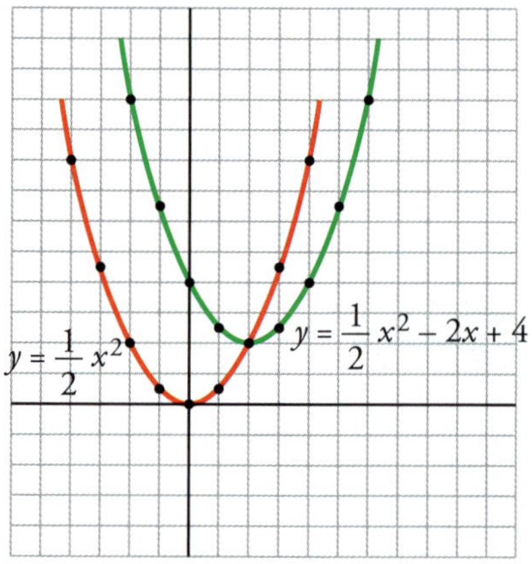

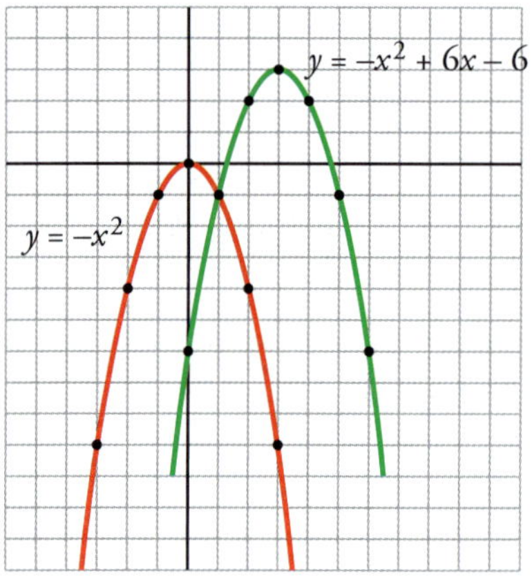

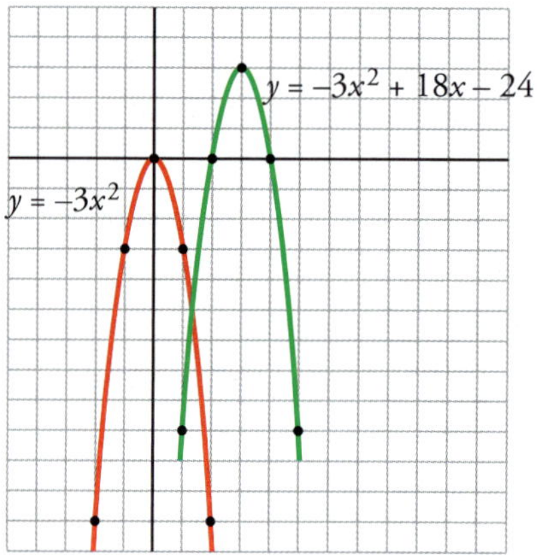

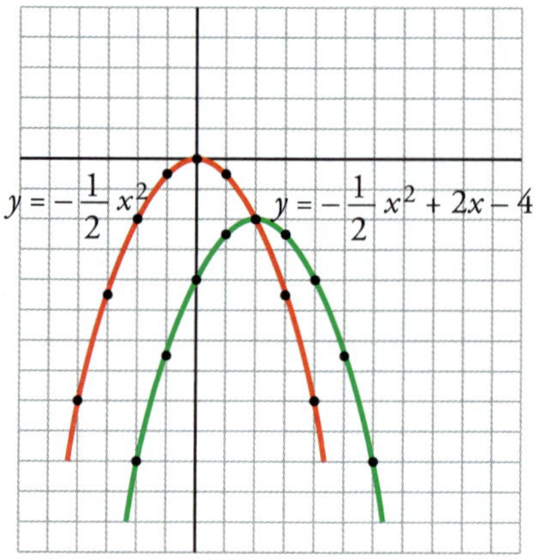

Analizándolas, podemos extraer las siguiente conclusiones:

En la web

Ampliación teórica y práctica sobre traslaciones de parábolas.

Las funciones $y = ax^2 + bx + c$, con $a \neq 0$, llamadas **cuadráticas,** se representan todas ellas mediante **parábolas** y son continuas en todo $\mathbb{R}$.

Cada una de estas parábolas tiene un eje paralelo al eje Y.

Su forma depende de a, coeficiente de x^2, del siguiente modo:

- Si dos funciones cuadráticas tienen el mismo coeficiente de x^2, sus parábolas correspondientes son idénticas, aunque pueden estar situadas en posiciones distintas.
- Si $a > 0$, tienen las ramas hacia arriba, y si $a < 0$, hacia abajo.
- Cuanto mayor sea $|a|$, más estilizada es la parábola.

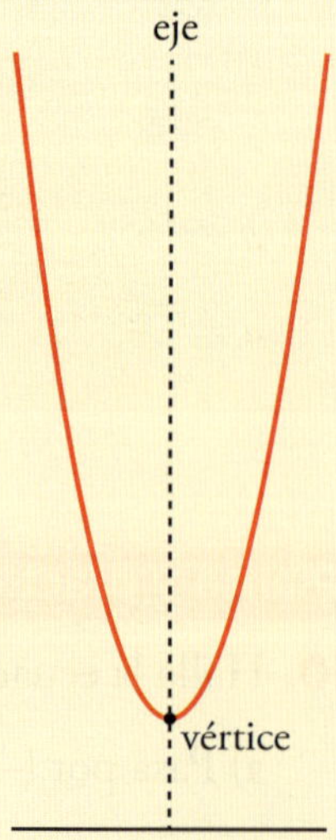

Representación de funciones cuadráticas

¿Por qué queremos conocer el vértice de la parábola y los puntos próximos a este?

El vértice y los puntos cercanos a este suponen la parte más representativa de la parábola.

Una representación de los puntos alejados del vértice sería una gráfica casi sin curvatura, parecida a una recta.

Para representar una función cuadrática dada por su ecuación, solo hace falta obtener varios de sus puntos. Empezaremos calculando el vértice de la parábola, para hallar, después, algunos puntos que lo rodean.

- Hallamos la abscisa del vértice de la parábola $y = ax^2 + bx + c \rightarrow p = -\frac{b}{2a}$
- Calculamos el valor de la función en algunas abscisas próximas al vértice.
- Los cortes con los ejes pueden venirnos bien para la representación:
  — Con el eje X, se resuelve la ecuación $ax^2 + bx + c = 0$.
  — Con el eje Y, es el $(0, c)$.

Ejercicio resuelto

Representar la parábola de ecuación $y = -x^2 + 3x + 4$.

Obtenemos el vértice:

Abscisa: $p = -\frac{3}{-2} = 1{,}5 \rightarrow$ Ordenada: $f(1{,}5) = 6{,}25 \rightarrow$ Vértice: $(1{,}5; 6{,}25)$

Obtenemos puntos próximos al vértice:

x	–2	–1	0	1	2	3	4	5
y	–6	0	4	6	6	4	0	–6

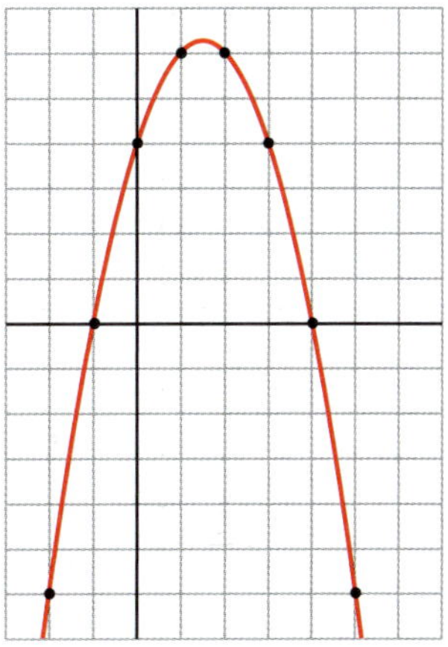

Podemos observar que, debido a la simetría de la parábola respecto a su eje, las ordenadas de los puntos que están a la misma distancia del vértice coinciden. Es decir, como el vértice está en $x = 1{,}5$, entonces $f(1) = f(2)$; $f(0) = f(3)$…

Vemos que $-x^2 + 3x + 4 = 0$ tiene dos soluciones, $x = -1$ y $x = 4$; y que $f(0) = 4$. Pero estos puntos de corte con los ejes ya aparecen en la tabla.

Piensa y practica

1. Asocia cada uno de los coeficientes de la x^2 con su correspondiente parábola:

- $a = -1$
- $a = 2$
- $a = -\frac{1}{3}$
- $a = \frac{1}{2}$
- $a = -3$

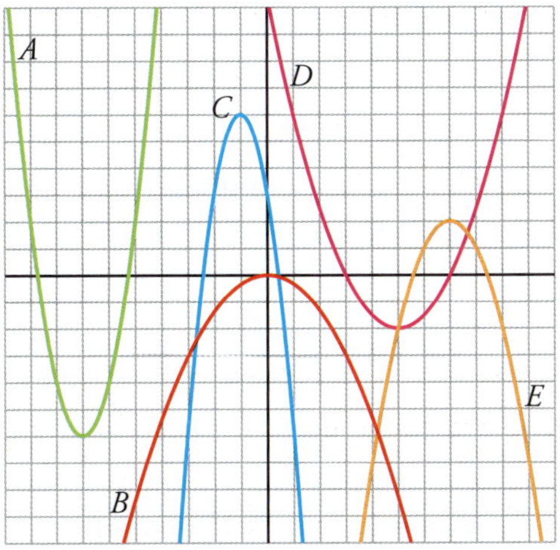

2. Representa las siguientes parábolas:

a) $y = x^2 - 2x + 2$

b) $y = -2x^2 - 2x - 3$

c) $y = \frac{1}{3}x^2 + x - 2$

d) $y = -x^2 + 4$

e) $y = -\frac{1}{2}x^2 + 2$

f) $y = 3x^2 + 6x + 4$

3. Dibuja en tu cuaderno la representación gráfica de estas funciones cuadráticas:

a) $y = (x - 1) \cdot (x - 3)$

b) $y = 2(x - 2)^2$

c) $y = \frac{1}{2}(x + 2) \cdot (x - 2)$

d) $y = (x - 1)^2 + 5$

En la web: Representación de funciones cuadráticas.

3 Funciones de proporcionalidad inversa

X	Y
1	1
2	0,5
3	$0,\widehat{3}$
4	0,25
5	0,20
…	…

X	Y
1	1
0,5	2
$0,\widehat{3}$	3
0,25	4
0,20	5
…	…

Esta es la gráfica de la función $y = \frac{1}{x}$:

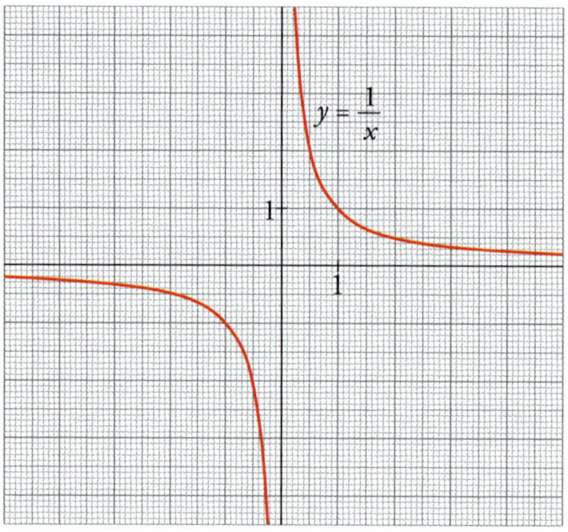

- No está definida para $x = 0$. Por tanto, el dominio de definición es $(-\infty, 0) \cup (0, +\infty)$ o $\mathbb{R} - \{0\}$.
- Si x se acerca a 0, y toma valores cada vez más grandes. Por eso decimos que el eje Y es una **asíntota.**
- Si x toma valores cada vez más grandes, y se acerca a 0. Por eso el eje X es otra asíntota.
- Esta curva se llama **hipérbola.** Sus asíntotas son los ejes coordenados.
- La curva tiene dos partes, una positiva y otra negativa, ya que al cambiar de signo la x, cambia de signo la y. Ambas son simétricas respecto al origen de coordenadas.

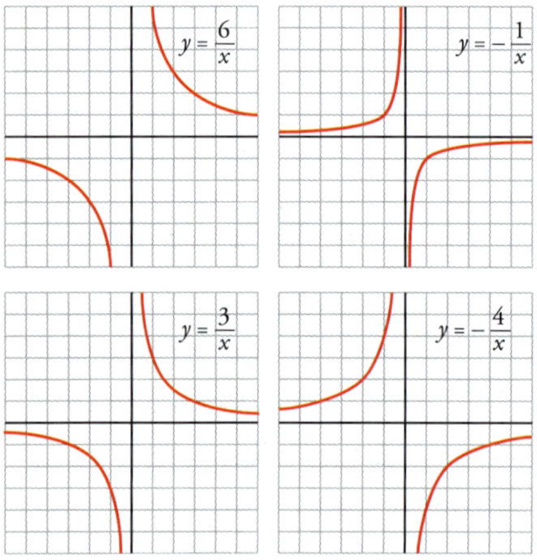

Las curvas del margen son de la misma familia.

Las funciones $y = \frac{k}{x}$ se llaman **funciones de proporcionalidad inversa.**

Se representan mediante hipérbolas, cuyas asíntotas son los ejes coordenados.

Varían según el valor de k:

- Si k es positivo, la curva se encuentra en los cuadrantes primero y tercero; y si es negativo, ocupa los cuadrantes segundo y cuarto.
- Cuanto mayor es $|k|$, más separada está la curva de las asíntotas.

Ejercicio resuelto

Representar la siguiente función de proporcionalidad inversa:

$$y = \frac{1}{x-2}$$

La asíntota vertical de la curva $y = \frac{1}{x}$ es el eje Y porque en $x = 0$ la función no existe. Del mismo modo, la asíntota vertical de $y = \frac{1}{x-2}$ está en $x = 2$, ya que es donde la función no existe.

Como $k = 1$, la curva es igual que la del ejemplo de arriba trasladada 2 unidades a la derecha.

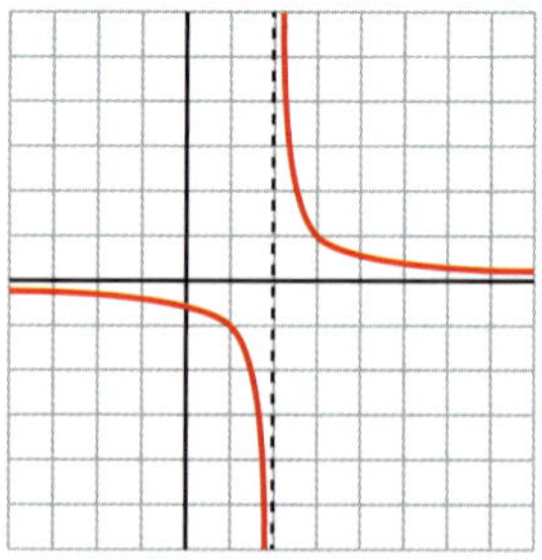

Piensa y practica

En la web: Ampliación: traslaciones de hipérbolas.

1. Representa las siguientes funciones:

a) $y = \frac{5}{x}$ b) $y = -\frac{2}{x}$ c) $y = \frac{4}{x}$

2. Representa estas funciones y halla su dominio:

a) $y = \frac{1}{x-1}$ b) $y = \frac{1}{x+1}$ c) $y = -\frac{1}{x+2}$

En la web: Representación de funciones de proporcionalidad inversa.

4 Funciones radicales

Ten en cuenta

La función $y = \sqrt{x}$ está definida y es continua en $[0, +\infty)$. Y es creciente, aunque cada vez crece más despacio.

Análogamente, $y = -\sqrt{x}$ está definida y es continua en $[0, +\infty)$. Y es decreciente.

Las funciones $y = \sqrt{x}$ e $y = -\sqrt{x}$ se pueden representar punto a punto y dan lugar a las gráficas que ves abajo. Son **mitades de parábola** y juntas describen una parábola idéntica a $y = x^2$, pero con su eje sobre el eje X.

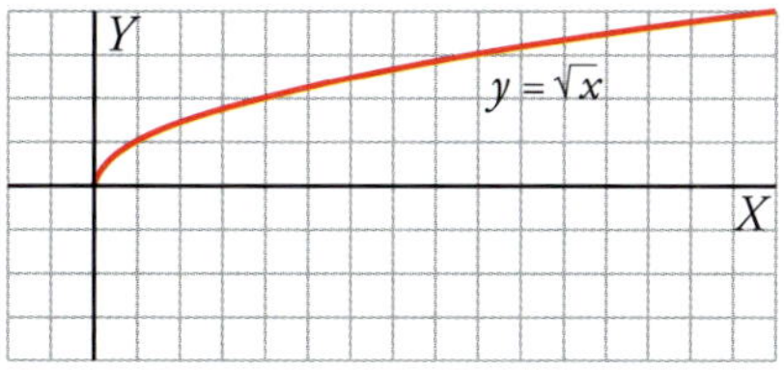

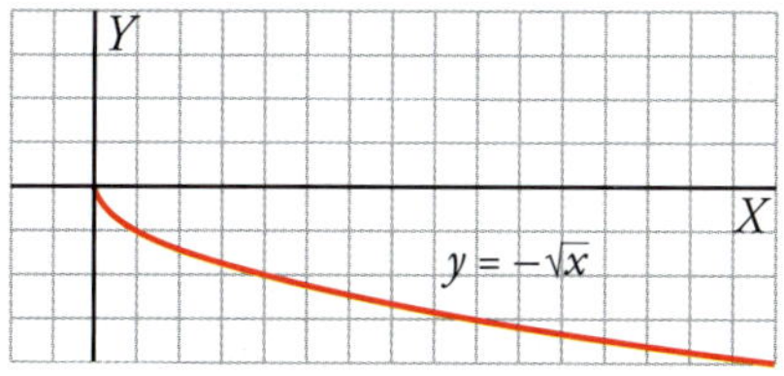

Las siguientes curvas son de la misma familia:

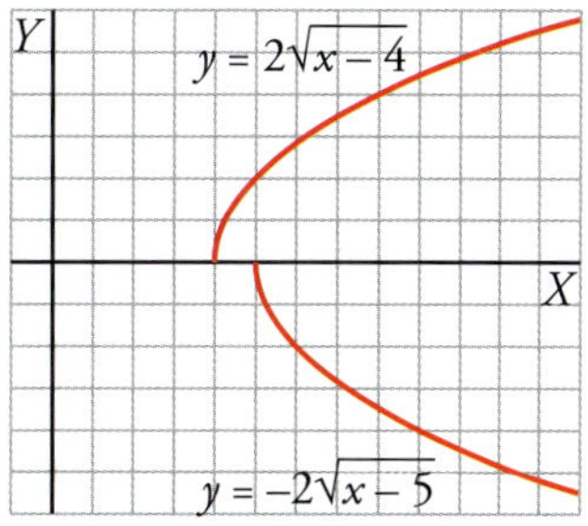

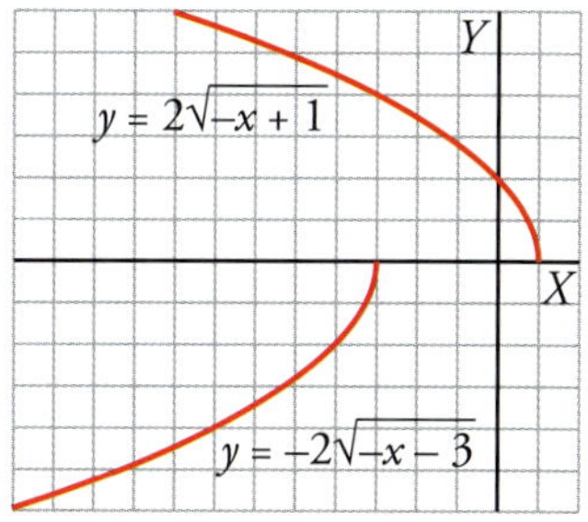

Las **funciones radicales** son del tipo $y = a\sqrt{x + b}$ e $y = a\sqrt{-x + b}$ y se representan mediante medias parábolas *tumbadas.*

Su representación depende del signo de la x y de los valores de a y b:

- Si x tiene signo positivo, la curva va hacia la derecha; si tiene signo negativo, la curva va hacia la izquierda.
- Si a es positivo, la curva está por encima del eje X, y por debajo si es negativo. Además, cuanto mayor sea $|a|$ más rápido crece o decrece la curva.
- El valor de b hace que se traslade b unidades a la derecha o a la izquierda dependiendo del signo de la x y de la b.

Ejercicio resuelto

Representar la siguiente función:

$$y = -3\sqrt{-x + 2}$$

El $-x$ implica que la curva va hacia la izquierda.

El primer valor que damos a x es 2, porque anula el radicando.

Damos a la x los valores 2, 1, –2, –7, –14 con los cuales la raíz es exacta.

El coeficiente –3 produce ordenadas negativas. Por tanto, la curva está por debajo del eje X.

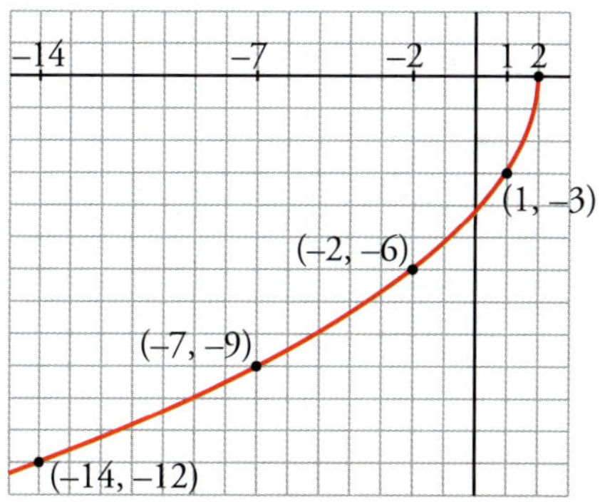

Piensa y practica

1. Representa las siguientes funciones y halla el dominio de definición de cada una:

a) $y = 2\sqrt{x}$ b) $y = -2\sqrt{x}$ c) $y = 2\sqrt{x + 3}$ d) $y = -2\sqrt{x + 3}$

e) $y = 2\sqrt{-x}$ f) $y = -2\sqrt{-x}$ g) $y = 2\sqrt{-x + 3}$ h) $y = -2\sqrt{-x + 5}$

En la web Representación de funciones radicales.

5 Funciones exponenciales

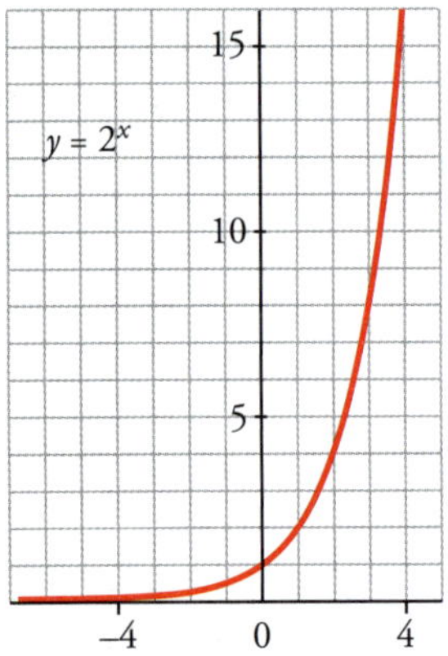

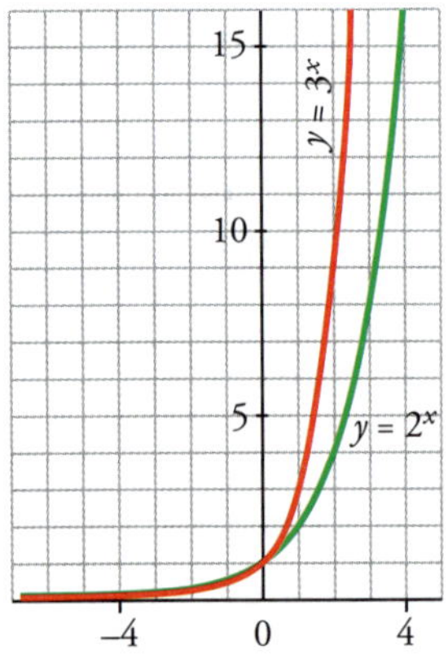

$y = 3^x$ crece más rápidamente que $y = 2^x$.

Funciones exponenciales crecientes: $y = a^x$, $a > 1$

En el margen tienes la gráfica de la función exponencial de base 2: $y = 2^x$.

$x \geq 0$:

x	0	1	2	3	4	…
2^x	1	2	4	8	16	…

Cuando x toma valores cada vez más grandes, 2^x tiende a infinito.

$x \leq 0$:

x	–1	–2	–3
2^x	$2^{-1} = \frac{1}{2} = 0{,}5$	$2^{-2} = \frac{1}{4} = 0{,}25$	$2^{-3} = \frac{1}{8} = 0{,}125$

Cuando x toma los valores –4, –5, –6, –10, …, 2^x se hace muy pequeño. Es decir, hacia la izquierda, 2^x tiende a cero.

Se llaman **funciones exponenciales** a las que tienen la ecuación $y = a^x$.

- Todas ellas son continuas, están definidas en todo $\mathbb{R}$ y pasan por los puntos (0, 1) y (1, a).
- Si la base es mayor que 1 ($a > 1$), entonces son crecientes.
- Crecen tanto más rápidamente cuanto mayor es a.

Funciones exponenciales decrecientes: ($0 < a < 1$)

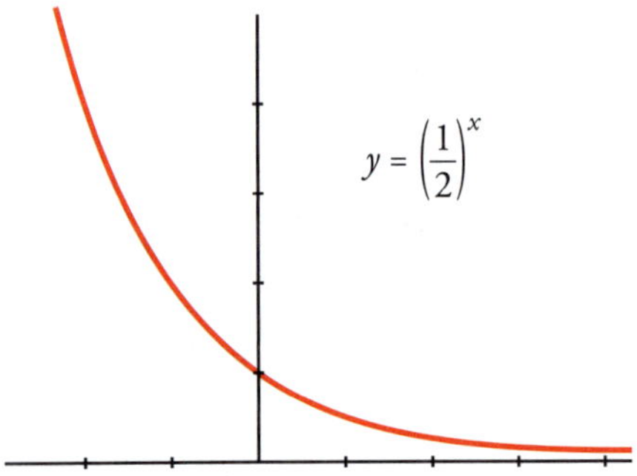

La función $y = \left(\frac{1}{2}\right)^x$ también es exponencial. Como su base (1/2) es menor que 1, la función es decreciente.

Las funciones $y = a^x$ con $0 < a < 1$ también pasan por (0, 1) y (1, a), son continuas y definidas en todo $\mathbb{R}$, pero son decrecientes. Decrecen tanto más rápidamente cuanto más próximo a 0 sea a.

En la web Ampliación: aplicaciones de las funciones exponenciales.

Piensa y practica

1. Calcula los valores de la función $y = 1{,}5^x$ para los valores enteros de x comprendidos entre –6 y 6. Representa la función.

2. Calcula los valores de la función $y = 0{,}8^x$ para los valores enteros de x comprendidos entre –8 y 8. Representa la función.

3. La función $y = 5^{0,2x}$ puede ponerse de forma exponencial $y = a^x$ teniendo en cuenta que $5^{0,2x} = (5^{0,2})^x$.

a) Calcula $5^{0,2}$ y guarda el resultado en la memoria: 5 [x^y] 0,2 [=] [Min].

b) Representa la función dando valores a x. Por ejemplo, para $x = 4$: [MR] [x^y] 4 [=] [3.62].

En la web Representación de funciones exponenciales.

Ejercicios y problemas

Practica

Funciones lineales

1. Representa las siguientes funciones lineales:

a) $y = 2x - 3$　　b) $y = \frac{4}{7}x$

c) $y = \frac{-3x + 10}{5}$　　d) $y = 2{,}5$

2. Dados la pendiente y un punto, calcula en cada caso la ecuación de la recta:

a) $P(0, 0)$, $m = 1$　　b) $P(2, -1)$, $m = -2$

c) $A(-2, 1)$, $m = \frac{1}{2}$　　d) $A(1, 3)$, $m = -\frac{5}{3}$

3. Calcula la ecuación de estas funciones lineales:

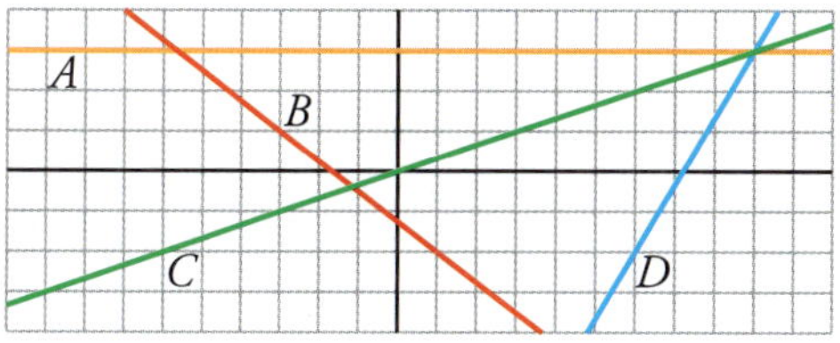

4. Halla, en cada caso, la ecuación de la recta que pasa por los puntos A y B:

a) $A(3, 0)$, $B(5, 0)$　　b) $A(-2, -4)$, $B(2, -3)$

c) $A(0, -3)$, $B(3, 0)$　　d) $A(0, -5)$, $B(-3, 1)$

5. Halla la ecuación, en cada caso, y represéntala:

a) Recta que pasa por $(2, -3)$ y es paralela a la recta que pasa por $(1, -2)$ y $(-4, 3)$.

b) Función de proporcionalidad que pasa por $(-4, 2)$.

c) Función constante que pasa por $(18; -1{,}5)$.

6. Halla el valor de los parámetros a, b, c, d y e para que las rectas y los puntos cumplan las condiciones pedidas:

a) Que la recta que pasa por los puntos $(4, 0)$ y $(-2, a)$ tenga pendiente -1.

b) Que la recta $y = bx + 2$ pase por el punto $(-3, 4)$.

c) Que las rectas de ecuaciones $y = 3x + c$ e $y = cx + 3$ se corten en el punto de ordenada 2. ¿Cuál es la abscisa correspondiente?

d) Que los puntos $(d, -2)$ y $(4, e)$ pertenezcan a la recta de ecuación $y = \frac{1}{2}x - 3$.

Funciones cuadráticas

7. Asocia a cada una de las gráficas una de las expresiones siguientes:

a) $y = x^2$

b) $y = (x - 3)^2$

c) $y = x^2 - 3$

d) $y = x^2 - 6x + 6$

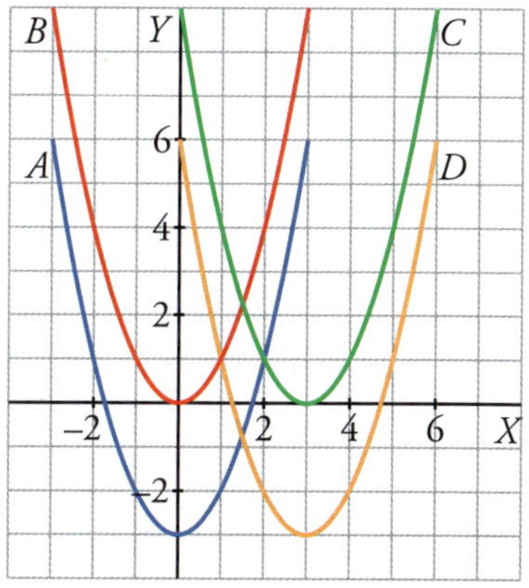

8. Representa las siguientes funciones haciendo, en cada caso, una tabla de valores como esta:

x	–4	–3	–2	–1	0	1	2	3	4
y	…	…	…	…	…	…	…	…	…

a) $y = x^2 + 1$　　b) $y = -x^2 + 4$

c) $y = -3x^2$　　d) $y = 0{,}4x^2$

9. Representa las siguientes parábolas, hallando el vértice, algunos puntos próximos a él y los puntos de corte con los ejes:

a) $y = (x + 2)^2$　　b) $y = x^2 - 4x$

c) $y = \frac{1}{2}x^2 + 2x + 1$　　d) $y = x^2 - 9$

10. Di cuál es el punto (abscisa y ordenada) donde se encuentra el vértice de las siguientes parábolas, señalando, en cada caso, si se trata de un máximo o de un mínimo. Después, represéntalas.

a) $y = 8 - x^2$　　b) $y = 4 + (3 - x)^2$

c) $y = -x^2 - 2x + 4$　　d) $y = 3x - \frac{1}{2}x^2 + 1$

e) $y = \frac{15}{4} - \frac{1}{4}x^2 + \frac{1}{2}x$　　f) $y = \frac{1}{3}x^2 + 2x + 3$

11. Representa estas funciones cuadráticas:

a) $y = (x - 5)^2$　　b) $y = x \cdot (x - 5)$

c) $y = (x - 3) \cdot (x + 3)$　　d) $y = 4 - (x - 2)^2$

12. Utiliza una escala adecuada y representa.

a) $y = \frac{x^2}{100}$　　b) $y = -75x^2 + 675$

c) $y = 0{,}002x^2 - 0{,}04x$　　d) $y = -10x^2 - 100x$

Otras funciones

13. Asocia a cada gráfica una de estas fórmulas e indica el dominio de definición de cada una:

I) $y = \dfrac{1}{2 - x}$ II) $y = 3 - \dfrac{1}{x - 3}$

III) $y = 2 + \dfrac{2}{x}$ IV) $y = -\dfrac{1}{x + 3}$

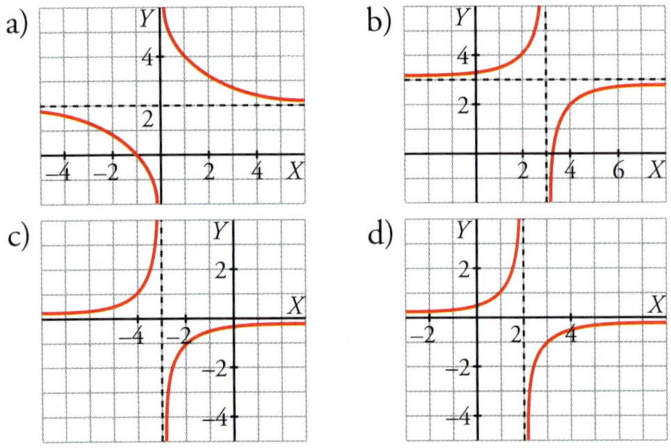

14. Asocia a cada gráfica la fórmula que le corresponde e indica su dominio de definición:

I) $y = \sqrt{x - 3}$ II) $y = \sqrt{x} - 3$

III) $y = 3 - \sqrt{-x}$ IV) $y = \sqrt{-3x}$

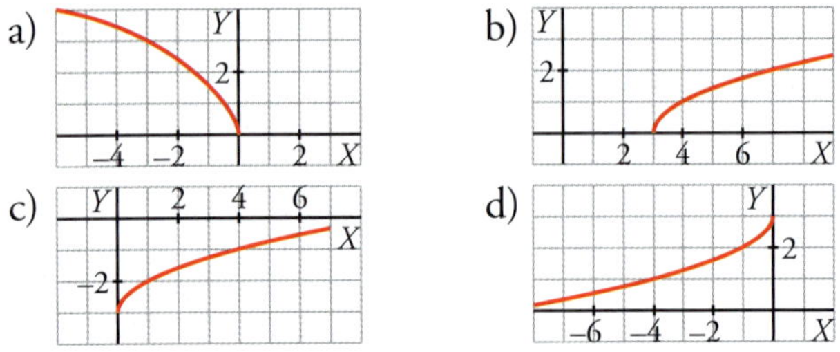

15. Asocia a cada gráfica una de estas fórmulas:

I) $y = 3^x$ II) $y = 1{,}5^x$ III) $y = 0{,}4^x$ IV) $y = 0{,}7^x$

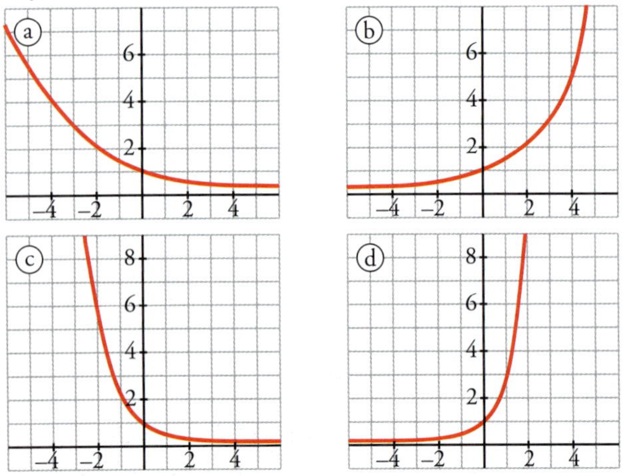

Di, en cada una de ellas, si es creciente o decreciente.

16. Dibuja la gráfica de estas funciones, dando a x los valores que se indican en cada caso:

a) $y = \dfrac{3}{x}$ $x = -3; -1; -\dfrac{1}{2}; \dfrac{1}{2}; 1; 3$

b) $y = -\dfrac{3}{x}$ $x = -3; -1; -\dfrac{1}{2}; \dfrac{1}{2}; 1; 3$

c) $y = \dfrac{5}{x}$ $x = -5; -1; -\dfrac{1}{2}; \dfrac{1}{2}; 1; 5$

d) $y = -\dfrac{2}{x}$ $x = -2; -1; -\dfrac{1}{2}; \dfrac{1}{2}; 1; 2$

17. Indica cuáles son las asíntotas de las siguientes funciones y represéntalas gráficamente ayudándote de una tabla de valores:

a) $y = \dfrac{1}{x + 3}$ b) $y = -\dfrac{3}{x + 1}$

c) $y = \dfrac{1}{1 - x} + 2$ d) $y = \dfrac{1}{x - 1} + 2$

18. Ayúdate de una tabla de valores para representar gráficamente las siguientes funciones e indica el dominio de definición de cada una:

a) $y = \sqrt{x} + 2$ b) $y = 2 - \sqrt{x}$

c) $y = 2\sqrt{-x}$ d) $y = -\sqrt{-x}$

19. Representa gráficamente estas funciones dando los valores que se indican en cada caso.

a) $y = \sqrt{2 - x}$ $x = 2; -2; -7$

b) $y = 7 - \sqrt{2x + 4}$ $x = -2; 0; 6$

c) $y = \sqrt{-x}$ $x = 0; -4; -9$

d) $y = 2 + \sqrt{x + 3}$ $x = -3; 1; 6$

20. Representa las siguientes funciones haciendo, en cada caso, una tabla de valores (ayúdate de la calculadora):

a) $y = 2^x$ b) $y = 3^x + 1$

c) $y = \left(\dfrac{2}{3}\right)^x + 1$ d) $y = 2^{0,5x}$

e) $y = 1{,}2^{4x}$ f) $y = \left(\dfrac{1}{4}\right)^{0,5x}$

21. Representa cada par de funciones sobre los mismos ejes coordenados. ¿Qué relación hay entre ellos?

a) $y = \left(\dfrac{1}{3}\right)^x$; $y = 3^x$

b) $y = 0{,}25^x$; $y = 4^x$

En la web Relaciona gráficas con su expresión analítica.

Resuelve problemas

22. a) Calcula b y c para que el vértice de la parábola $y = x^2 + bx + c$ esté en el punto (3, 1).

b) ¿Cuál es su eje de simetría?

c) ¿Cuáles son sus puntos de corte con los ejes?

23. La parábola $y = ax^2 + bx + c$ pasa por el origen de coordenadas. ¿Cuánto valdrá c?

Si, además, sabemos que pasa por los puntos (1, 3) y (4, 6), halla a y b y representa la parábola.

24. Calcula a y b para que la función $y = \dfrac{a}{x - b}$ pase por los puntos (2, 2) y (–1, –1).

25. La gráfica de una función exponencial del tipo $y = ka^x$ pasa por los puntos (0, 3) y (1; 3,6).

a) Calcula k y a.

b) ¿Es creciente o decreciente?

c) Representa la función.

26. Con un listón de madera de 3 metros de largo, queremos fabricar un marco para un cuadro.

a) Si la base midiera 0,5 m, ¿cuánto mediría la altura? ¿Y la superficie del cuadro?

b) ¿Cuál es el valor de la superficie para una base cualquiera x?

c) ¿Para qué valor de la base se obtiene la superficie máxima? ¿Cuánto vale dicha superficie?

27. El sueldo inicial de Ana es de 24 000 € anuales. En su contrato de trabajo figura que subirá un 8 % anual.

¿Cuánto ganará dentro de 10 años? Escribe la función que relaciona el sueldo con el tiempo.

28. El coste por unidad de fabricación de un tipo de cajas disminuye según el número de unidades fabricadas y viene dado por la función:

$$y = \frac{0{,}3x + 1\,000}{x}$$

a) ¿Qué valores toma la variable independiente, x?

b) Calcula el coste por unidad y el coste total para fabricar 10 cajas. Haz lo mismo para 100 000 cajas.

c) ¿A cuánto crees que se acerca el coste por unidad cuando el número de cajas se hace muy grande?

29. En una piscina hay un trampolín a 8 m del agua. Esther lanza una pelota rodando y cae al agua a 12 m de la vertical del trampolín.

Escribe la ecuación de la trayectoria descrita por la pelota desde que sale del trampolín hasta que toca el agua. Da su dominio de definición.

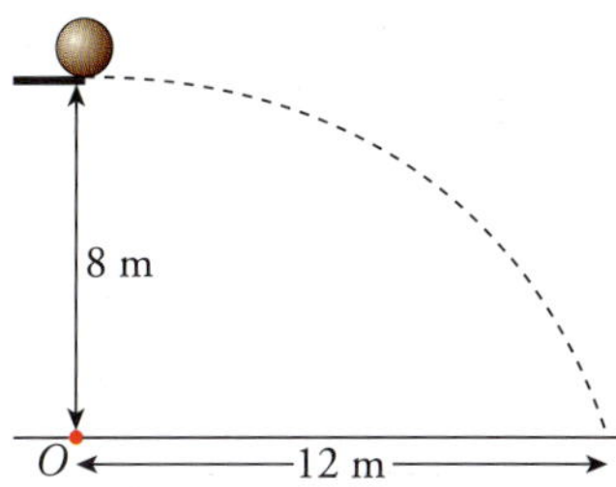

La trayectoria es una parábola $y = ax^2 + bx + c$ con su vértice en el punto de caída. Toma O como centro de coordenadas y ten en cuenta que el vértice es (0, 8).

Curiosidades matemáticas

La prueba del carbono catorce (C^{14})

El carbono catorce es un isótopo radiactivo del carbono con un periodo de semidesintegración de 5 568 años. Eso quiere decir que sus átomos se desintegran espontáneamente, de manera que la cantidad de ellos que contiene un objeto se reduce a la mitad cada cinco mil quinientos años.

Por otro lado, el carbono catorce está en la atmósfera y es absorbido por las plantas, que lo incorporan en una determinada proporción.

Cuando una planta muere y queda almacenada en un yacimiento geológico, su carbono catorce sigue el proceso de desintegración mencionado, según una función exponencial decreciente, como has estudiado en esta unidad:

$$P_{\%} = 100 \cdot \left(\frac{1}{2}\right)^{\frac{t}{5568}} \quad \begin{cases} P_{\%} \rightarrow \text{Porcentaje de } C^{14} \text{ inicial} \\ t \rightarrow \text{Edad en años} \end{cases}$$

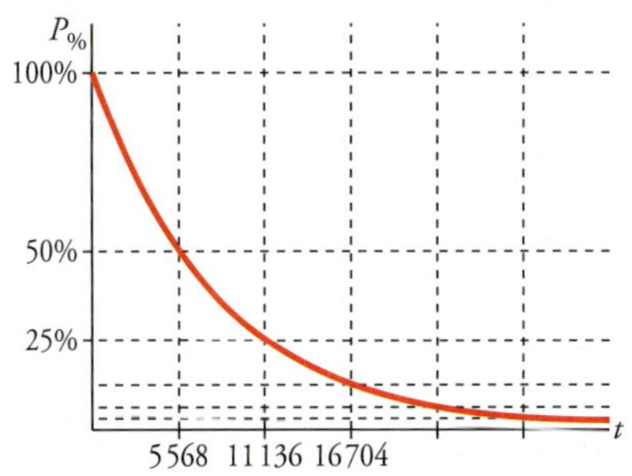

Así, analizando la proporción de C^{14} de un fósil, con la ecuación anterior se puede averiguar su edad geológica; es decir, el tiempo que hace que se formó.

En la web: Modelización de áreas dependientes de un parámetro.

APRENDER ES CRECER EN CONEXIÓN es un proyecto educativo de Anaya Educación para el cuarto curso de la ESO.

En la realización de este libro han intervenido:

- **Coordinación editorial:** Mercedes García-Prieto
- **Edición:** Carlos Vallejo, Beatriz Fuentes Fernández-Vegue
- **Diseño:** Dirección de arte: Javier Serrano. Cubierta: Patricia Gómez Serrano. Interiores: Marta Gómez Peso y Paco Martín. Desarrollo gráfico de cubierta: Juan Carlos Quignon
- **Ilustraciones:** David Guirao
- **Maquetación:** Toñi Font (JLRestudio)
- **Gráficos:** JLRestudio
- **Corrección:** Mercedes Pérez
- **Edición gráfica:** Olga Sayans
- **Fotografías:**
  AGE Fotostock, Archivo Anaya (Candel, C.; Canto, M.; Cosano, P.; Hernández Moya, B.; Martin, J.; Martín, J.A.; Moreno, C.; Padura, S.; Pozo, M.; Steel, M.), Ingimage, The Picture Desk, Thinkstock, 123RF.

  Agradecemos la colaboración de:

  — Ana Isabel Busto Caballero y Ángel Félix Hernández Mora en el Generador de Evaluaciones.

  — Francisco Javier González Ortiz en las actividades con GeoGebra.

Las normas ortográficas seguidas en este libro son las establecidas por la Real Academia Española en la *Ortografía de la lengua española,* publicada en el año 2010.

Nuestras publicaciones mantienen el rigor en el uso y en la selección de los contenidos, en las imágenes y en el lenguaje, para cumplir con la **no discriminación** por razón de género, cultura u opinión.

IMPORTANTE. Las actividades propuestas en este libro deben ser realizadas en cuadernos u hojas sueltas; **nunca en el propio libro.**

Los **enlaces a las páginas web** que aparecen en este libro han sido revisados en la fecha de su impresión. La editorial no se hace responsable de las modificaciones o las anulaciones que se produzcan en ellos con posterioridad a dicha fecha.

ISBN: 978-84-698-1072-9 - Depósito Legal: M-13502-2016 - Printed in Spain.

ET029523/1E1I - 8450060